Die Saatkrähe

Kosmos
Gesellschaft der Naturfreunde
Franckh'sche
Verlagshandlung
Stuttgart

Klaus Ruge

Vogel des Jahres 1986:

Die Saatkrähe

Ein DBV-Buch
im Kosmos-Verlag

Mit 12 Farbfotos von H. Dannenmayer (10), K. Ruge (1) und J.J. Leever (1), 29 Farbzeich-
nungen, entnommen aus Bruun/Singer/König, Der Kosmos-Vogelführer, 5 Schwarzweiß-
fotos von K. Ruge (1), R. Steinmetz (1) und M. Veh (3)
sowie 27 Zeichnungen von M. Hamerli (10), B. Liebige (1), Th. Ries (2), dem Archiv (14)
und einer Karte
Die Karte von Bild 22 (S. 46) wurde der Topographischen Karte 1:50000 entnommen
und ist ein Ausschnitt aus den Blättern L 7724 und L 7924, herausgegeben vom Landes-
vermessungsamt Baden-Württemberg, Büchsenstr. 54, 7000 Stuttgart 1. Vervielfältigung
genehmigt unter AZ.: 5.13/391. Thematisch ergänzt durch J. GANZHORN

Umschlaggestaltung von Edgar Dambacher unter Verwendung einer Aufnahme
von Claus König

Bild 1 (Seite 1). Saatkrähenpaar am Nest. Aus J.J. Leever, Roek and Landbouw.

Bild 2 (Seiten 2 und 3). Oftmals werden von den Saatkrähen Bäume als Sammelplätze
benutzt. Aufnahme H. Dannenmayer

CIP-Kurztitelaufnahme der Deutschen Bibliothek

Ruge, Klaus:
Die Saatkrähe : Vogel des Jahres 1986 ; e.
DBV-Buch / Klaus Ruge. – Stuttgart : Franckh,
1986.
    ISBN 3-440-05645-7

Franckh'sche Verlagshandlung, W. Keller & Co., Stuttgart / 1986
Printed in Italy / Imprimé en Italie / LH 14 Ste / ISBN 3-440-05645-7
Satz: G. Müller, Heilbronn / Herstellung: Grafiche Muzzio, Padua

Die Saatkrähe

Einleitung

Jetzt gibt es also auch einen Vogel des Jahres. Muß denn, wird sich mancher fragen, der Naturschutz bei solchen Modetorheiten mitmachen? Darüber ließe sich streiten. Doch bei Tieren und Pflanzen bietet sich mehr als bei anderen Dingen das Jahr als Bezug an: Die Ankunft der Brutkrähen im Februar oder März, ihr Fortziehen im Oktober, November; die Ankunft des Pirols, die ersten Krokusblüten, das sind auch heute noch Zeichen, die unserem Leben einen Rhythmus geben, die auf Wiederholung und Regel hinweisen. Das von der Sonne bestimmte Jahr prägt wie wenige andere ökologische Faktoren den Lebenslauf auf unserer Erde.

Jeweils in einem solchen Jahreszyklus soll eine Vogelart besonders hervorgehoben werden. Sie soll mithelfen, Verständnis für das Lebendige um uns zu fördern, soll auf Bedrohung hinweisen. Dabei soll aufgezeigt werden, was wir für diese Jahresvögel tun können. Dieses Tätigwerden liegt natürlich in recht unterschiedlichen Bereichen. Da gab es jene Jahresvögel wie die Mehlschwalbe, zu denen fast jeder – auch heute noch – einen Bezug hat. Schwalben brüten an unseren Häusern. Schwalben am Haus, heißt es, bringen Glück. Für Schwalben können viele Leute etwas tun. Sie können Nistmulden an den Häusern anschrauben, oder sie können Pfützen mit feuchtem Lehm im Garten oder irgendwo draußen anlegen, damit die Schwalben selbst Nester bauen können.

Aber es gab auch Jahresvögel wie den Weißstorch, dem der einzelne wohl selten helfen kann. Der Weißstorch stand stellvertretend für andere Wiesenvögel. Er sollte uns auffordern, mehr zu tun für den Schutz der Lebensräume, in der Gemeinde, im Land. Wollen wir Wiesen erhalten, müssen wir politisch tätig werden, unserer Verpflichtung als Bürger nachkommen.

Jahresvögel sollen uns Fragen bewußtmachen, sollen aufzeigen, daß Tiere und Pflanzen nicht nur durch Gesetze gerettet werden, sondern dadurch, daß wir ihnen Lebensräume erhalten.

Jahresvögel sollen aber auch ein Anstoß sein, uns wieder mehr mit Natur zu beschäftigen, uns mehr der Natur mit allen ihren Erscheinungen zuzuwenden. Dazu bedarf es gar nicht langer naturkundlicher Ausführungen. Ein schönes Bild, eine Erzählung oder eine Wanderung können schon Auslöser sein.

Problemvogel Saatkrähe

Warum die Saatkrähe Jahresvogel wurde

Wenn wir im Winter hinausgehen, dann sehen wir überall auf den Äckern Schwärme von Saatkrähen auf Nahrungssuche. Hier 200, da 100, ein anderes Mal gar 500. Wer abends an einen Krähensammelplatz kommt oder die vielen Tausend Saatkrähen zu ihren Schlafplätzen fliegen sieht, der wird nicht glauben können, daß Saatkrähen bedrohte Vögel sind, daß sie bei uns auf der Roten Liste stehen. Und doch ist das wohlbegründet. Denn all die vielen Saatkrähen sind nur Wintergäste aus den riesigen Brutbereichen im Osten, aus Rußland, Polen, Ungarn und Mecklenburg. Bei uns in Mitteleuropa in ihren Überwinterungs- und Durchzugsgebieten versammeln sich viele auf engem Raum. Trotzdem, die Saatkrähen sind nicht nur bei uns, sondern auch in Osteuropa zurückgegangen.

Der Hauptgrund für den Rückgang ist die gezielte Verfolgung durch den Menschen (Bild 3). Selbst da, wo die Saatkrähen besonders geschützt sind, wie in der Bundesrepublik, hört die Verfolgung nicht auf. Das Fällen von Horstbäumen, das Ausschießen der Nester, das Vergiften der Vögel hat dem Krähenbestand zugesetzt und begrenzt ihn auch weiterhin stärker, als wir es hinnehmen können. Die Saatkrähen wurden als Saatfresser verfolgt. Ohne Zweifel können Saatkrähen Schäden in der auflaufenden Saat oder im Mais anrichten.

Berechnungen der Wissenschaftler zeigen, daß die Schäden, bezogen auf die gesamten Streifgebiete der Saatkrähen, sehr klein sind. Es ist wenig sinnvoll, den Schadenrechnungen nun Nutzenrechnungen gegenüberzustellen, z. B. wenn Saatkrähen Mäuse fressen, Engerlinge oder Getreidewanzen.

Der Konflikt Landwirtschaft – Saatkrähe spitzt sich weiter zu, denn in den letzten Jahren wurden immer mehr Wiesen umgeackert. Maisanbau bringt mehr ein als Wiesennutzung. Und noch immer werden Gebiete entwässert und dadurch erst ackerbaufähig – z. B. die ökologisch so wertvollen Feuchtwiesen entlang der Donau. Die Milchquoten-Regelungen innerhalb der Europäischen Gemeinschaft haben eine neue Welle des Wiesensterbens ausgelöst. Wenn aber die Saatkrähen ihre Nahrung nicht unschädlich oder gar „nützlich" auf Wiesen suchen können, werden sie gezwungen, auf Äcker auszuweichen.

Saatkrähenschutz in einer „ökologisch" ausgewogenen Landschaft heißt also auch Wiesen erhalten. Dabei ist die Saatkrähe aber nur *ein* Wiesenvogel. Er soll stellvertretend stehen für andere Vögel, die wie sie den Lebensraum Wiese, vor allem die feuchte Wiese brauchen, für Weißstorch, Bekassine, Brachvogel genauso wie für Grauammer, Braunkehlchen und die Wiesenralle.

Solche Vorhaben können aber nicht gegen die Landwirte durchgeführt werden. Die Landwirte arbeiten heute noch auf rund 60% der Landesfläche. Wollen wir Naturschutz betreiben, der ernstgenommen werden will, dann brauchen wir auch diese Fläche. Es ist aberwitzig zu glauben, wir könnten die einheimischen Tier- und Pflanzenarten nur in Naturschutzgebieten, die gerade 1% der Landesfläche

Bild 3. Mittelalterliche Zeichnung: Saatkrähen bei der Aussaat und ein früher „Abwehrversuch" (linke Person mit Steinschleuder). Aus MURTON 1971

ausmachen, erhalten. Ansätze zu solchen Vorhaben finden wir in den Wiesenvogel-Programmen Schleswig-Holsteins und Bayerns und in den Ackerstreifen-Programmen Nordrhein-Westfalens. Das zeigt uns: Es gibt keinen Naturschutz in der Feldflur ohne die Mithilfe der Landwirte.

Landwirte werden mehr als bisher mitwirken müssen, wenn es gilt, unsere bäuerlich geprägte Kulturlandschaft zu erhalten. Landbau muß ein kultureller Auftrag werden, einer, der ernstgenommen wird, einer, der nicht nur als Alibi dient. Wir müssen erkennen, daß es ein Irrweg ist, Landschaft nur „(agrar)industriell" nutzen zu wollen. Dafür aber muß unsere Gesellschaft zahlen. Das Geld dazu ist vorhanden. Wir müssen nur den Mut finden, Gelder, die für Autobahnbau, sinnlose Großwasserstraßen und Riesenflugplätze ausgegeben werden, für die ökologische Sicherung unserer Umwelt auszugeben. (Alles anders ausgegebene Geld führt doch zur Zerstörung unserer Umwelt.)

Die Wahl der Saatkrähe zum Jahresvogel soll auch dazu beitragen, das Negativbild der Rabenvögel allgemein zu entzerren. Wir wollen lernen, daß wir mit der Einteilung von „nützlich oder schädlich" keiner Art gerecht werden. Schädlich werden Lebewesen erst, weil wir anders arbeiten (wirtschaften) als die Natur. Wir müssen auch lernen, vorschnellen Urteilen gegenüber skeptisch zu sein. Die Saatkrähe frißt trotz ihres Namens lieber Insekten als Saat. Elstern rotten keine anderen Vögel aus. Ihr Nestbau ist unerläßliche Voraussetzung für das Vorkommen von Waldohreulen und Turmfalken in der freien Landschaft. Tannenhäher schaden der Arve nicht; sie sorgen überhaupt erst dafür, daß die schweren Arvensamen über den Bereich des Mutterbaums hinaus, und zwar kilometerweit, ausgepflanzt werden. Moderner Naturschutz steht oft vor der schwierigen Frage: Was ist das Ziel, das wir erreichen wollen? Wollen wir den „Urzustand" herstellen? Oder soll unser Ziel eine Kulturlandschaft sein, ähnlich lebendig wie die bäuerlich geprägte Landschaft um die Jahrhundertwende?

Wir müssen die Kulturlandschaft wollen. Unser Ziel ist es, all die einheimischen Arten, die heute bei uns am Leben sind, zu erhalten. Gemeinsam mit der Landwirtschaft müssen wir einen Weg finden, um auch für die Zukunft eine lebendige Landschaft, eine vielgestaltige Landschaft also mit vielen Tier- und Pflanzenarten, wie sie für die wirkliche Kulturlandschaft bezeichnend ist, zu bewahren.

Die Geschichte von der Krähe Chacko

Dieses Buch soll den Leser mit der Lebensweise von Saatkrähen vertraut machen. Dabei wird auch aufgezeigt, mit welchen Schwierigkeiten bedrohte Arten in unserer Landschaft fertig werden müssen. Ich möchte so unterschiedlichen Gruppen wie Landwirten und Naturschützern Anregungen für ihr Handeln geben. Ich möchte aber auch Wege zeigen, wie Jugendliche sich mit dem Jahresvogel Saatkrähe beschäftigen (auseinandersetzen) können.

Ein guter Einstieg ist, mit der Jugendgruppe im Winter nachmittags gegen 16.00 oder 17.00 Uhr zu Sammelplätzen oder Schlafplätzen zu gehen. Wo sich die befinden, zeigen uns die Krähen selbst. Wer 10 000 oder 20 000 Krähen auf dem Flug zum Schlafplatz erlebt hat, wird das sicher nicht gleich vergessen. Gerade für Gruppen bietet es sich an, festzustellen, wie sich die Anzahl der Krähen an den Schlafplätzen im Laufe des Winters ändert.

Am besten zählt man die anfliegenden Schwärme am Vorsammelplatz.

Im Oktober können wir in manchen Gegenden, zum Beispiel am Bodensee, auch durchziehende Saatkrähen entdecken.

Viele Streitgespräche über Saatkrähen stützen sich auf Schäden, die durch diese Tiere auf Fruchtäckern entstehen. Wir sollten uns zwar von dem Schaden-Nutzen-Denken freimachen. Trotzdem erscheint es mir sinnvoll, einmal zu erarbeiten, was Krähen tatsächlich fressen. Speiballen, die wir unter Krähenschlafplätzen aufsammeln können, geben uns gute Hinweise. Wir finden darin neben Spelzen und anderen pflanzlichen Teilen auch viele Mäuseknochen oder Käferteile.

Berücksichtigen müssen wir bei diesen Auswertungen, daß kleine weiche Tiere wie Insekten und Würmer in Gewöllen nicht nachweisbar sind.

Eine nachvollziehbare Anregung geben die Versuche von MARIANNE SCHRAMM. Sie hat farbige Gummiteile in Teig gebacken. Dieses „Krähen-Brot" hat sie an Fraßplätzen ausgelegt. Bei Kontrollen an Schlafplätzen fand sie die Gummiteile in den Speiballen. Auf diese Weise erfuhr sie, wie weit die Nahrungsflüge der Saatkrähen reichen.

Besonders für Jüngere kann der Einstieg zu einem Thema ein erzählender Text sein. Dazu habe ich die Geschichte von Chacko geschrieben.

Ein Krähenleben

Die ersten Brutkrähen hatte Markus doch wieder verpaßt. Er hatte noch ein paar Manuskripte fertigzuschreiben, einen Vortrag zu halten, ehe er in dem kleinen Ort Äpfingen Quartier machen konnte. Nachmittags war er mit dem Auto angekommen. Er ging gleich hinaus, um zu sehen, wie weit die Saatkrähen denn mit dem Nestbau wären.

Markus fuhr mit dem Fahrrad. Wenn er beobachten wollte, haßte er es, in einem Käfig zu sitzen. Er wollte hören, sehen, ja und wenn es not tat, auch riechen können, was um ihn herum vorging. Die ersten Saatkrähen beobachtete er schon auf den Rißwiesen. Da wackelten sie in ihrem Krähengang durch das Gras, pickten mal hier und da. Dann erhob sich die ganze Schar und fiel 100 oder 150 m weiter erneut ein. Ganz deutlich sah er den nackten Schnabelgrund, die dreieckige Körperform, ihre Beine mit den Federhosen. Markus wollte die Saatkrähen nicht stören. Er versuchte, einen weiten Bogen zu fahren. Die Krähen waren vorsichtig. Sie flogen doch vor ihm auf. 150, vielleicht 200 Krähen, schätzte Markus, könnten auf den Wiesen sein. Das Gras stand schon ordentlich hoch für die Jahreszeit. Schließlich war es erst April. Gut, in der Nacht war es noch kalt. In den oberschwäbischen Riedern ist es morgens oftmals weiß bis spät in den Mai hinein.

Markus war so dicht an die Saatkrähenkolonie herangekommen, daß er die Nester sehen konnte. Unten im Neckartal waren viele Bäume schon eine Weile grün, aber hier die Eschen hatten noch kein Blatt. Ein Schwall von rauhen Stimmen erreichte Markus. „Doch", dachte er, „das sind sicher so viele wie im letzten Jahr." Er stellte sein Fernrohr auf und zählte. Selbst in den kahlen Kronen war es nicht ganz leicht, alle Nester zu erkennen. Manchmal waren sie so dicht nebeneinander gebaut. Dann konnte er die einzelnen Nester gar nicht recht unterscheiden. Die brütenden Krähen kauern sich oft tief in die Nestmulde. Vor allem im Koloniezentrum, da standen die mächtigen Eschen mit den ausladenden Ästen. Einige Male mußte er neu mit dem Zählen anfangen. Die Eschen dort hatten sicher Höhen von 30 m. 298 Nester zählte Markus, mehr als im Vorjahr. Aber er hatte im Gegenlicht zählen müssen. Vielleicht ging es am Morgen besser.

Markus beobachtete noch eine Weile. Er sah, wie einige Krähen Zweige heran-schleppten. Die meisten aber saßen schon auf den Nestern. Ohne Zweifel brüteten sie auf ihren vier oder fünf Eiern.

Markus schaute noch einmal zu den Nestern. Sie waren alle elend hoch in den Kronen. Ob er da hinaufkäme? Es reizte ihn, eine junge Krähe aus dem Nest zu ho-len, sie daheim aufzuziehen. Er wollte beobachten, wie die Krähe Nahrung sucht, wollte feststellen, was sie den Tag über treibt, ihre Lautäußerungen erforschen. Gerade Tiere, die in Gemeinschaft leben, hatten ihn immer besonders angezogen. Ein Fuchs oder ein Bussard, das waren Einzelgänger. Zu denen war es viel schwie-riger, eine Beziehung zu gewinnen. Eine Saatkrähe würde ihn als Kumpan anse-hen. Wenn er den Vogel früh aus dem Nest holte, vielleicht solange die Augen noch geschlossen waren, ehe er überhaupt andere Krähen kennengelernt hätte?

Bild 4. Saatkrähe. Gut zu erkennen sind der kahle, grindige Schna-belgrund und der Glanz auf dem Gefieder. Der Schnabel ist viel schlanker als bei der Rabenkrähe. Aufnahme H. DANNENMAYER

Markus fuhr zurück in den Gasthof. Er war müde und ging bald schlafen. Die Krähen begleiteten ihn in den Schlaf. Markus war auf einen Baum geklettert. Er hatte eine junge Krähe aus dem Nest geholt, hatte sie an der Brust unterm Hemd verborgen. Er wollte gerade vom Ast zurückklettern, da packte ihn eine riesengroße Krähe am Rücken, schüttelte ihn hin und her und ließ ihn fallen. Mit großem Getöse polterte Markus herunter – und erwachte.

Markus ging am kommenden Morgen wieder hinaus. Tausende kleiner Sonnen funkelten in den Tautropfen an den Grashalmen und Kräutern. Spinnweben waren wie mit Edelsteinen behangen und konnten kaum ihre Last tragen. Brachvögel flöteten über den Riedwiesen.

Lerchen stiegen jubelnd in den blauen Himmel, immer höher, so weit, daß Markus sie nur noch als Punkt erkennen konnte. Vom Wald her scholl der Gesang der Singdrossel. Über dem Wald sah er die Krähen in wirbelnden Schwärmen. Die einen flogen gerade auf die Wiesen, die anderen kamen zurück, und immer wieder schwoll ihr Krächzen an, und er sah, wie die Krähen mit prall vollgefüllten Kröpfen den Nestern zustrebten.

Am liebsten hätte sich Markus irgendwo hingelegt, hätte zum Himmel geschaut, sich einfach von dem hundertstimmigen Palaver der Krähen umbranden lassen. Aber er wollte ja zählen, wollte sehen, wo die Krähen ihre Nahrung suchen.

Fünf Nester mehr zählte er als am Abend. Jetzt konnte er deutlicher sehen. Da waren schon Junge im Nest. Immer wenn das Männchen angeflogen kam und Nahrung brachte, reckten sie ihre Hälse. Manchmal gönnte sich der Krähenvater eine kleine Pause, aber meistens flog er gleich wieder fort.

Von Tag zu Tag wurden die jungen Krähen größer. Markus konnte sie schier wachsen sehen. Im Spektiv erkannte er sogar die weißlich-blauen Augen der Jungen. Ein Nest war etwas abseits in einer Eiche gebaut, ein klein wenig niedriger als die anderen, aber noch viel zu hoch, um dahin zu gelangen. Markus überlegte, ob er die Feuerwehr bitten sollte. Nun, am steilen Hangwald hätten die Feuerwehrleute es wohl auch nicht geschafft, hinaufzukommen.

Drei Junge kauerten im Nest. Sie sahen schon wie richtige Krähen aus, nicht so stupfig, mit Federkielen, als wären es Igel.

In der Nacht hatten sich mächtige Wolkengebirge über dem Rißtal aufgetürmt. Gerade, als Markus zu den Krähen wollte, zuckten die ersten Blitze. Sturmböen brausten durchs Tal und peitschten die Eschen in der Krähenkolonie. Die Äste knarrten, die Stämme stöhnten. Nester, die nicht auf starken Ästen gebaut waren, wurden so geschüttelt, daß es schien, als würden die jungen Saatkrähen alle zu Boden fallen. Nach zwei Stunden war der Himmel wieder blankgefegt. Markus ging hinaus und atmete die frische Luft. Heute wollte er in den Koloniewald hineingehen. Bislang hatte er sich gescheut, die Saatkrähen aufzuschrecken, doch er wollte wissen, ob junge Krähen aus dem Nest geschüttelt worden seien. Als er den Waldrand erreichte, flogen die Krähen lärmend auf und wirbelten über den Bäumen, flogen hinaus auf die Wiese, kehrten zurück, verschrien Markus so laut, wie sie nur konnten. Ein scharfer, ätzender Geruch von Krähenkot schlug ihm entgegen. Unter den Horsten war der Waldboden mit Kot bespritzt. Überall lagen Mauserfedern herum. Hier und da entdeckte er noch Überreste von jungen Krähen, die aus dem Nest gestürzt oder gestorben waren, ein Flügel hier, ein Fuß dort. Vermutlich hatten sich Fuchs und Dachs ihren Teil geholt.

Als er ganz ans Ende der Kolonie gelangte, da, wo er das einzelne Nest gesehen hatte, flatterte ein großer schwarzer Vogel von einem Holunderbusch zu Boden. Markus stürzte sich gleich hin. Die junge Krähe versuchte flügelschlagend zu entkommen. Sie bekam sogar Luft unter die Schwingen, wollte auf einen Haselstrauch, verlor den Halt und fiel zu Boden. Markus stürzte sich durch das Unterholz, achtete nicht auf die Brennesseln. Dann hatte er die junge Krähe in der Hand. Er breitete ihre Flügel aus, schaute die Beine an. Die Krähe schien gesund zu sein. Jetzt hatte er also doch eine junge Krähe. Sie war ihm geradezu in die Hände gefallen. Langsam ging Markus zum Waldrand. Die Krähen palaverten zwar immer noch, aber obwohl er die junge Krähe offen in den Händen trug, griff ihn keine Saatkrähe an. Nicht einmal zu ihm herunter kamen sie. Markus erinnerte sich noch gut, mit welcher Giftigkeit er von den alten Rabenkrähen angegriffen wurde, als er ihrem verletzten Jungen helfen wollte.

Hätte der Wind die Krähe ein klein wenig früher heruntergeweht, wäre es noch besser gewesen, überlegte Markus. Das Krähenkind war zum Verlieben. Es hatte ein richtiges Kindergesicht, einen sanften Kinderblick. Markus ging zu seinem Fahrrad. Gerade wollte er die junge Krähe in den Rucksack verstauen und zum Gasthof fahren, da kamen ihm Zweifel. Er setzte sich auf die Wiese. Jetzt mußte er sich entscheiden. Wenn er die Krähe mitnahm, dann würde sie ihn bald als Kumpan ansehen. Je stärker die Bindung zu ihm würde, desto fremder würde sie den wilden Krähen. Durfte er die Krähe denn überhaupt wollen? Gehörte zu einem Krähenleben nicht auch das Fortziehen im Herbst, das Leben im Schwarm? Auch den Geschlechtspartner würde er ihr vorenthalten. Und er würde eine lange Verpflichtung auf sich nehmen, zehn Jahre lang oder noch mehr, wenn alles gutging. Auf der anderen Seite hatte er gute Gründe, die Krähe zu halten. Was er machte, war ja nicht Zeitvertreib. Schließlich wollte er eine wissenschaftliche Arbeit schreiben.

Oder war es doch dieses Habenwollen, dieses Besitzenwollen, das ihn leitete? „Nein", sagte er schließlich, „du sollst dein Krähenleben führen mit allen Gefahren, mit den Sorgen um Nahrung, aber frei sein. Du sollst fliegen, wohin du willst –

oder wohin es dich treibt. Nur zeichnen will ich dich. Du bekommst einen Ring und einen Namen, auch wenn dich niemand je so rufen wird: Chacko sollst du heißen.''

Markus nestelte in seiner Tasche und zog ein Säckchen mit Vogelringen heraus, Aluminiumringe mit eingeprägter Zahl. Dann nahm er noch einen roten Farbring aus Zelluloid. Er legte Chacko die Ringe um das linke Bein, drückte sie zu und notierte sich die Ringnummer und den Farbring in seinem Notizbuch.

Dann kam der schwierigste Teil. Markus mußte auf die Eiche steigen, mußte tun, was er doch vermeiden wollte. Er nahm die Kletterstricke vom Fahrrad, band sich den Sicherungsgurt um den Bauch und legte die Steigschlingen um den Stamm. Chacko schnürte er in ein Säckchen, band daran eine lange Schnur und befestigte das Schnurende um seinen Bauchriemen. Der Vogelsack blieb zunächst am Boden. Mühsam kletterte er an dem rauhborkigen Stamm in die Höhe. Bei dem ersten Ast mußte er das Kletterseil lösen und von Ast zu Ast hangeln. Zwei Junge waren noch im Nest. Er war sicher, das dritte, das fehlende war Chacko. Sorgsam zog er den Sack mit der Krähe nach oben, öffnete ihn und setzte Chacko vorsichtig in die Nestmulde. Er fürchtete, die junge Krähe könnte hinausspringen. Chacko blieb sitzen.

,,Mach's gut'', flüsterte Markus, ,,komm mal wieder.''

Markus versuchte, wieder hinunterzusteigen. Die ersten Äste hielten, dann aber gab einer nach. Markus war noch nicht mit dem Seil gesichert, rutschte ab und stürzte in die Tiefe.

Markus wußte nicht, wie lange er bewußtlos gelegen hatte. Er versuchte, sich über seinen Körper klarzuwerden. Bewegen konnte er alles, fast alles. Der rechte Arm schmerzte stark. Wahrscheinlich war er gebrochen.

Wichtige Beobachtungstage gingen Markus verloren, und als er wieder ins Feld durfte, konnte er weder klettern noch steigen. Er mußte sich häufiger ins Gras legen, als ihm lieb war. Anfang Juni war Markus das erste Mal wieder bei den Krähen. Chacko hatte schon das Nest verlassen. Während der ersten Tage waren seine Eltern noch mit ihm geflogen, hatten ihn auf die Wiesen und Felder begleitet. Und wenn er sich niederkauerte und mit den Flügeln zitterte, hatten sie ihn mit Käfern, Heuschrecken und Würmern gefüttert. Chacko stocherte auch schon auf den feuchten Wiesen herum. Am liebsten hielt er sich da auf, wo das Gras gerade gemäht war. Da konnte er am besten gehen, und da waren die Heuschrecken, Würmer und Kohlschnaken am leichtesten zu finden. Nach ein paar Tagen schon trennte er sich von den Eltern und schloß sich den anderen Jugendlichen an. Eines Tages flogen die Jungkrähen an ihren eigenen Schlafplatz, im selben Hangwald zwar, doch ein paar hundert Meter weiter südlich. Die Altkrähen blieben in ihrem Nestbezirk. Einige Krähen hatten auch noch Junge im Nest. Meistens waren das Krähen, die noch nie vorher gebrütet hatten und etwas spät dran waren.

Der Sommer war für Chacko eine schöne Zeit. Chacko besuchte manchmal das Nest seiner Eltern, mal allein, ein anderes Mal brachte er einen Kumpanen aus der Jungenschar mit. Sie gingen auch zu anderen Nestern. Die Alten taten ihnen nichts. Jungkrähen haben Narrenfreiheit. Eine Altkrähe dürfte sich niemals trauen, ohne Rücksicht auf Nestbezirksgrenzen durch die Kolonie zu trollen.

Chacko lernte die Gefahren des Krähenlebens. Traktoren bedeuteten Nahrung, wenn sie Gras mähten oder wenn ein Acker gepflügt wurde. Von Personenautos hielt er gebührenden Abstand, jedenfalls sobald sie anhielten. Einmal nämlich hatte er erlebt, wie ein Mensch aus dem Auto stieg und es gleich darauf fürchterlich knallte.

Im Hochsommer brannte die Sonne tagelang. Chacko genoß den langen Tag, doch die Erde wurde hart wie Stein. Der Boden auf Äckern und Wiesen bekam tiefe Risse, und Chacko knurrte abends manchmal der Magen. Doch meistens fand er unmittelbar bei den Flußwiesen doch noch ein paar gute Happen.

Der Sommer verging. Die Tage wurden kürzer. Die Ernte war schon eingebracht. Lange schon brannte die Sonne nicht mehr vom Himmel. Die Lerchen sangen nicht mehr. Auch die Drosseln waren verstummt. Hier und da blühte noch ein Rainfarn oder eine Flockenblume. Manchmal zirpten auch noch ein paar späte Feldheuschrecken. Nicht selten prasselte kalter Regen auf die kahlen Felder. Dann wieder gab es Tage von strahlender Bläue. Wenn Chacko sich mit seinen Kumpanen in die Luft schwang, im Vollgefühl ihrer Kräfte, im Übermut ihre Flugkünste probten, dann konnte er fern im Süden sogar schneeweiße Alpengipfel sehen.

Zu jener Zeit wurde Chacko unruhig. Auch seinen Kameraden ging es ähnlich. Eines Morgens brachen sie zusammen mit einigen alten, erfahrenen Krähen in Richtung Futterplatz auf. Chacko wollte sich gerade herabfallen lassen. Die Alten aber dachten nicht daran, zu fressen oder zu rasten. Sie flogen zielstrebig weiter. Da konnte auch Chacko nicht anders. Die Reiselust, das Verlangen nach Gemeinschaft mit seinen Kumpanen übertönten den Hunger, und so folgte er ihnen. Sie flogen diesmal so hoch wie noch nie, immer zielstrebig nach Südwest. Zuerst glaubte Chacko, er würde müde. Nach einer halben Stunde war es ihm, als könnte er tagelang fliegen und immer nur fliegen. Er sah Wälder unter sich, Städte, Flüsse, Gebirge. Schließlich kamen sie an einen riesengroßen Strom. Auf der anderen Seite waren große, weite Äcker. Chacko entdeckte da unten kleine schwarze Punkte. Der Krähenschwarm senkte sich. Die Krähen am Boden sahen auf, palaverten. Schließlich war der ganze Trupp angelangt. Hunger hatten sie und fraßen an den zerstückelten Maiskolben, die von der Ernte übriggeblieben waren.

Am Abend schlossen sie sich den anderen Krähen an. Unmittelbar an dem großen Fluß, dem Rhein, standen riesige Pappeln. Dort war der Schlafplatz. Chacko war es etwas unheimlich an dem fremden Ort. Er hielt sich dicht bei einem alten Krähenpaar aus seinem Schwarm. Nein, nicht ganz dicht, aber doch sehr in ihrer Nähe. Am nächsten Tag ging es weiter. Ein strahlender Herbsttag, ein Himmel voll Blau. Dieses Mal flogen sie noch höher, in engem, geschlossenem Verband. Die Häuser, die Bäume, die Autos, alles war spielzeugklein. Gegen Mittag flogen sie tiefer. Chacko konnte Rebberge erkennen, Menschen, die dort arbeiteten. Apfelbäume sah er mit roten Früchten, abgeerntete Felder, bestellte Äcker, Wiesen. Das Land unter ihnen machte einen einladenden Eindruck. ,,Hier würde ich ganz gerne ein wenig bleiben'', dachte Chacko, und die anderen Krähen dachten wohl ähnlich. Jedenfalls landeten sie auf einem Acker, der frisch gepflügt war. Da hatten sie einen reichgedeckten Tisch. Fette Engerlinge, Würmer, Käfer, Getreidereste, sogar rote Flaschenverschlüsse aus Gummi fand Chacko. Er hatte, wie alle Krähen, eine große Vorliebe für Gummiteile.

Die Reise war zu Ende. Es begann wieder ein geregeltes Krähenleben. Ihr Schlafplatz war in der Nähe eines großen Fischteiches. Da standen hohe, alte Eichen und Eschen. Abends kamen die Krähen aus allen Richtungen zum Vorsammelplatz angeflogen. Trupps von 500, 1000, 2000 Krähen. In der Dämmerung zogen sie dann zu dem Hauptsammelplatz. Da war dann ein Kreischen und Lärmen. Gefressen hat Chacko dort nicht mehr. Da war viel zuviel Betrieb. Aber Leben war das. Chacko gefiel so was. Aus allen Bereichen fanden sich Krähen zusammen, aus Schleswig-Holstein, Mecklenburg und Polen. Einige sollen sogar aus Rußland gekommen sein. Chacko und seine Kameraden hatten sich mit einer Gruppe mecklenburgischer Krähen zusammengetan. Als es schon fast stockdunkel war, machten sie sich auf zu den Schlafbäumen. Aber natürlich gingen sie nicht gleich an den Schlafplatz. Da gab es noch ein Hin und Her, ein Krakeln und Spektakeln. Die Jungen hockten sich etwas abseits der Alten. Die Alten saßen immer paarweise auf ihren Plätzen. Vor allem in den ersten Nächten gab es noch viel Unruhe. Dem einen war der Zweig zu dünn, dem anderen zu tief. Nach einigen Tagen aber hatte jeder seinen Schlafplatz. Lärm und Gekakel gab es natürlich trotzdem. Schließlich wurde es doch stiller. In der ersten Morgendämmerung aber hob das Spektakeln wieder an. Die ersten Trupps flogen zielstrebig fort. Chacko lernte, daß es gut ist, sich solchen Trupps anzuschließen. Die wußten immer, wo es besonders gute Nahrungsplätze gab, ein altes Maisfeld, einen gepflügten Acker oder eine frisch gedüngte Wiese, manchmal auch einen Baum, unter dem saftige Äpfel lagen, oder vielleicht sogar ein Kürbisfeld.

Drei Tage lang ging es Chacko erbärmlich. Er hatte keine Freude mehr an seinen Kumpanen, nicht am Krähenpalaver. Er wäre am liebsten gestorben. Wenn ihn seine Kameraden nicht zum Mitfliegen ermuntert hätten, er wäre wohl auf dem Akker geblieben, und vielleicht hätte ihn sogar der Fuchs geholt. Aber der hatte ohnehin genug zu fressen. Chacko war nämlich nicht die einzige Krähe, die von dem Giftweizen gefressen hatte. Ob der Bauer die Krähen gemeint hatte oder tatsächlich Mäuse, das ließ sich nicht so genau feststellen. Doch er kam wieder auf die Beine und hatte gelernt, daß nicht alles, was gut schmeckt, bekömmlich ist.

Chackos Gruppe hatte eine neue Entdeckung gemacht. Bei einem großen Haus gab's jedesmal, wenn es klingelte, etwas zum Fressen. Morgens konnten sie ruhig zuerst aufs Feld, dann flogen sie in die Vorstadt. Auf den Balkonen hingen manchmal leckere Meisenknödel. Chacko hatte zu Anfang nicht so recht gewußt, wie er an die herankommen könnte. Nach einigem Üben und Überlegen hatte er es raus. Wichtig war nur, daß die Knödel an einem einigermaßen starken Ast oder besser noch an einem Balken aufgehängt waren. Dann zog Chacko die Schnur mit dem Schnabel ein Stück hoch, hielt sie mit einem Fuß fest, zog wieder, und das so lange, bis er den Knödel oben hatte. Für Meisenknödel hatte Chacko geradezu eine Leidenschaft entwickelt. Nur konnte er sie selten so richtig genießen. Immer wenn er gerade fressen wollte, kam irgendein Kumpel, wollte ihm den Knödel wegreißen, und dann fiel er wieder herab, soweit es der Faden erlaubte, und Chacko mußte den Knödel wieder heraufangeln. Irgendwann dann ertönte auch das Klingelzeichen. Schüler stürmten auf den Schulhof, und dann lohnte es sich, dort hinzufliegen. Schüler sind ziemlich harmlose Menschen. Man kann an sie bis auf ein paar Meter herangehen. Ein bißchen Mißtrauen allerdings, lernte Chacko, ist auch da angebracht.

Chacko war Feinschmecker. Manchmal suchte er sich einen Brotknust, flog mit dem zu dem nahen Schultümpel, tauchte ihn dort ins Wasser, knetete das Brot einige Male und verschlang es erst dann.

Lustig war es, wenn sie Futter-Abjagen spielten. Am Müllplatz, da flogen immer ein

Bild 6. Bei der jungen Saatkrähe ist der Schnabelgrund noch befiedert. Aufnahme H. DANNENMAYER

paar Dutzend Kolkraben herum und außerdem ein paar Hundert Lachmöwen. Müllplätze sind für Krähen die schönsten Orte. Da gibt es einfach alles, was einen Krähenmagen erfreut. Es gibt so viel, daß man eigentlich niemandem Futter abjagen müßte. Aber Spaß macht's doch, den Kolkraben einen Käsebissen wegzuschnappen und ihn dann selbst zu verschlingen.

Gerne erinnerte sich Chacko an das Fuchs-Ärgern. Der Fuchs trottete seelenruhig über den Acker – bis Chacko und seine Freunde ihn entdeckten. Dann flogen sie zu ihm, flogen vor seiner Schnauze herum, wirbelten um seinen Schwanz. Das erste Mal versuchte der Fuchs, nach Chacko zu schnappen. Chacko aber konnte fliegen, der Fuchs nur hüpfen. Schließlich trollte sich der Fuchs davon, so schnell es ging, sprang zum Wald, um die lästige Bande loszuwerden. Bei der Fuchsjagd war es übrigens, daß Chacko die kleine Jagdhütte hinter den Fichten am Waldrand entdeckte. Daß dort etwas Schmackhaftes versteckt war, hatte er gleich erfaßt. An einer Fasanenschütte fand er süße Pellets, schmackhafte Futterwürste. Und das, was für Fasanen gut ist, Krähen allemal schmeckt, flog er von da ab jeden Tag zur Jagdhütte. Nur, wenn eine Saatkrähe zielstrebig irgendwo hinfliegt, ist das für die anderen ein Zeichen, zu folgen. So konnte Chacko sein Geheimnis leider nicht für sich behalten. Bald hatte er mehr Mitesser, als ihm recht war. Zuerst versuchte er es mit dem Verstecken, nahm einige Pellets und grub sie ein. Er wollte sie holen, wenn die anderen fort waren. Nur gelang es ihm selten, die Pellets unbemerkt zu verstecken. Chacko war aber nicht auf den Kopf gefallen – gut, vielleicht war es nicht ganz fair, aber zu viele Krähen hätten den Menschen, den Besitzer der Hütte, sicher erbost. Als Chacko das nächste Mal die Fasanenschütte besuchte, hatte er wieder ein halbes Dutzend Verfolger. Da schlug Chacko Alarm, so als wäre ein Fuchs aufgetaucht oder etwas noch viel Gefährlicheres. Die ganze Krähen-Mischpoke machte sich eiligst davon. Nur Chacko aß genüßlich seine süßen Pellets.

Gegen Mittwinter kamen immer noch neue Krähen zum Schlafplatz. Manchmal war auch eine graue Nebelkrähe dabei. Seit einiger Zeit schliefen auch Dohlen an den Fischteichen. Chacko hörte immer häufiger ihre ,,kja-kja"-Rufe.

Der Winter ist auch eine schöne Zeit, stellte Chacko fest. Ganz selten gab es mal Leute, die auf sie schossen. Krähen haben scharfe Augen. Wachsam sein und Gefahren erkennen ist alles. So gern Chacko sich mit den Jungkrähen die Zeit vertrieb, er suchte doch auch die Nähe erfahrener, alter Krähen. Von ihnen konnte man viel lernen, und das war wichtig.

Unheimlich war es ihm eigentlich nur beim Steinbruch, der am Weg zum Schlafplatz lag. Ein paar Mal schon hatte er da so ein merkwürdiges ,,Schuhu" gehört. Er glaubte sogar, in der Dämmerung den Todesschrei einer Krähe vernommen zu haben. Seitdem er den riesigen Uhu einmal erspäht hatte, flog er immer sehr schnell an dieser gefährlichen Stelle vorbei.

Ein spaßiges Erlebnis hatte Chacko noch einige Tage, bevor sie durch den großen Schnee vertrieben wurden. Morgens, als er aufwachte, lag das ganze Land unter einer weißen Schneedecke, mehrere Zentimeter hoch. Chacko fand das sehr merkwürdig. Als er und seine Freunde am Freßplatz ankamen, da waren sie zuerst ein wenig erschrocken, wie kalt der Schnee war. Aber als der Schnee von ihren Schwingen fortgepustet wurde, bekamen sie so richtig Spaß, mit Schnee zu spielen. Sie buddelten sich so ein, daß es nach allen Seiten stäubte.

Später, als es wieder milder wurde, kehrten sie dann zum Schlafplatz an den Fischteichen zurück. Sie besuchten wie gewohnt Gärten in der Vorstadt, flogen zum Schulhof oder gingen zum Müllplatz.

Allmählich wurde es Zeit, wieder aufzubrechen. Den alten Krähen merkte man an, wie sie ungeduldig wurden, wie es sie zur Rückreise trieb. Es dauerte nicht mehr lange, bis sich die ersten Trupps aufmachten.

Als Chacko mit seiner Schar im Rißtal eintraf, war es Anfang März. Die Haselkätzchen stäubten gerade. In den Gärten blühten Krokusse und Winterling. Im Krähenwald schoben sich die ersten Spitzen des Scharbockskrauts hervor. Sonst aber sah noch alles recht winterlich aus. Die Bäume waren kahl. Die alten Krähen wollten gleich an ihre angestammten Nistplätze. Doch für sie gab es eine böse Überraschung. Viele Nester waren von den Winterstürmen herabgefegt. Es gab noch Schlimmeres. Ein Teil der Koloniebäume war während des Winters von Menschen gefällt worden. Markus hatte das schon vorher bemerkt. Er hatte sich beim Bürgermeister beschwert. Markus wurde den Verdacht nicht los, einige Leute wollten die Krähen vertreiben.

Ein paar Tage noch hielten sich die Krähen in der alten Kolonie auf. Dann zogen sie um, auf die andere Talseite. Markus war das eigentlich recht, denn er hatte auch in diesem Frühjahr wieder im Adler in Äpfingen Quartier gemacht.

In der Kolonie war jetzt geschäftiges Treiben. Die Altkrähen sammelten Reiser vom Boden und brachen Zweige von den Bäumen. Manche waren auch zu faul zum Sammeln und versuchten, dem Nachbarn Zweige zu stehlen, wenn der gerade wegguckte oder fortgeflogen war. Das kam selten vor. Einer mußte immer am Nest Wache halten. Weil eine Krähe der anderen nicht so ganz traute, achteten sie sehr darauf, daß die Nestbezirke nicht verletzt wurden und keine Krähe zu nahe ans Nest der anderen kam. Chacko durfte auch in diesem Jahr noch überall in der Kolonie herumstrolchen. Solange Krähen ein befiedertes Gesicht haben, gelten sie als Kinder und haben Kinderrechte. Ihm war es recht, daß er nicht mitbauen mußte, sondern einfach zuschauen konnte.

Markus war oft bei den Krähen. Hin und wieder sah er auch Chacko. Manchmal glaubte er sogar, Chacko würde dichter an ihn herankommen als an andere Menschen. Aber dann sagte er sich, es könne ja wohl nicht sein, und Chacko konnte doch gar nicht wissen, daß Markus ihm das Leben gerettet hatte. Markus aber freute sich, daß Chacko wiedergekommen war. Immer hatte er ein wenig Angst um ihn gehabt. Markus kannte die Gefahren des Krähen-Lebens, die Verschlagenheit der Menschen, ihre feigen Mittel wie Gift. Manchmal dachte er, es wäre besser gewesen, er hätte Chacko nicht kennengelernt. Der Tod irgendeiner Krähe hätte ihn wenig berührt. Aber Chacko war ihm ein Freund, ihre Schicksale waren verknüpft worden.

Wenn Chacko auch in diesem Jahr noch keine Pflichten zu erfüllen hatte, ein wichtiges Jahr war es für ihn trotzdem. Chacko wußte wohl auch nicht so recht, wie es über ihn gekommen war. Er war einer anderen Krähe nahegekommen. Markus war durchaus nicht sicher, ob Chacko nun ein Mann oder ein Weib sei, und Chacko war sich dessen vielleicht auch noch nicht bewußt. Markus' Beobachtungen zeigten aber dann doch deutlich: Chacko war ein Weib, also eine Sie. Damit Markus auch Chackos Freund ansprechen konnte, nannte er ihn Sim. Oft saßen Chacko und Sim irgendwo auf einem Zweig, und es schien, als hätten sie für nichts um sie herum viel Sinn. Sie kraulten sich abwechselnd am Kopf, saßen stundenlang beieinander, gingen zusammen zur Futtersuche. Chacko zog sogar zu Sim auf denselben Schlafast.

Zum Herbst, kurz bevor Sim und Chacko mit den anderen auf die Reise gingen, setzte sich Sim auf seinen Lieblingsast in der Eiche und sang Chacko etwas vor. Der nächste Winter war noch lustiger. Chacko freute sich, all die bekannten Dinge wiederzusehen, und es brachte noch viel mehr Spaß, weil Chacko das Sim alles zeigen konnte. Markus war etwas traurig, als die Krähen fortgezogen waren. ,,Sie werden wiederkommen'', sagte er sich, und sie kamen. Pünktlich am siebten März waren auch Chacko und Sim in der Kolonie. Chacko hatte sich verändert, sah jetzt erwachsen aus mit fast kahlem Schnabelgrund. Chacko und Sim fanden einen guten Nestplatz auf einer großen Eiche. Anscheinend hatte im Jahr zuvor niemand diesen Platz beansprucht. Chacko und Sim sammelten Zweige, brachen Reiser von den Bäumen und fügten sie zu einem Nest. Chacko versuchte ein paarmal, Zweige zu stiebitzen. Nicht nur, weil es einfacher schien, auch ein wenig, weil es Spaß machte. Aber schließlich sammelte sie doch, damit das Nest fertig wurde. Als der Unterbau gerichtet war, trug Chacko vermodertes Laub vom Waldboden herauf. Sim fand frischen Mist und dichtete damit den Nestgrund. Schließlich polsterten sie die Wiege noch mit Gras und Blättern. Markus hatte Chacko und Sim dieses Mal nicht gleich gefunden. Er war zufrieden, als er sah, daß sie sogar schon ein Nest hatten. Zwar konnte er die bläulichen Eier nicht sehen, doch trug er in sein Büchlein ein: Chacko brütet.

In jenem Jahr gab es viele kalte Tage. Da waren die Krähen dann oft auf den Äckern und fraßen Saat. Die Insekten auf den Wiesen wären ihnen zwar lieber gewesen, nur hatten die sich viel zu tief in den Boden zurückgezogen. Damals ballte mancher Landwirt die Faust, wenn er die Krähen sah.

Die Zeit lief weiter. Zuerst wollte es nicht recht Frühling werden. Aber dann schließlich regnete es warm übers Land, und das Gras sproß. Chackos Kinder waren schon geschlüpft. Markus konnte sie mit dem Spektiv sogar erkennen. Allerdings trieb jetzt auch das Laub kräftig. Das Zählen und Beobachten war nicht mehr so leicht. Chacko verließ während mehr als drei Wochen lang das Nest nicht, nicht während der 18 Bruttage und nicht, als die Jungen noch sehr klein waren. Sie wärmte ihre Kinder, schützte sie vor Regen und vor zu viel Sonne. Sim flog unermüdlich auf die Felder. Solange er nur Chacko versorgen mußte, ging es wohl noch an. Als aber noch vier weitere Schnäbel sperrten, da hatte er hart zu arbeiten. Markus hatte es selbst nicht gesehen. Er war an jenem Morgen zuerst zur anderen Talseite gegangen, wollte sehen, ob überhaupt noch Krähen auf die Saatfelder fliegen. Doch es konnte nicht anders sein. In der Frühe mußte irgendein Mensch mit einem Gewehr in die Kolonie eingedrungen sein. Wahrscheinlich war Sim gerade mit vollem Kropf zurückgekommen, hatte sich auf den Nestrand gestellt, um die Jungen zu füttern, als ihn der tödliche Schuß traf.

Sim war in einem Ast neben dem Nest verklemmt. Markus sah, wie Chacko Sims Schnabel berührte. Chacko mußte das unbegreiflich sein. Sie wußte nicht, daß ihre Kinder sterben würden, aber sie allein würde das nicht schaffen.

Markus war es, als fiele er in ein tiefes Loch. „Nur eine Krähe war es", wollte er sich einreden. „So etwas geschieht überall." Aber es war eben nicht irgendeine Krähe. Chacko war ihm vertraut wie kein anderes Tier. Er hatte Chacko und Sim in den letzten Jahren viele Wochen beobachtet. Und Markus konnte nicht glauben, daß Tiere so ganz gefühllos sein sollten, daß nicht auch sie so etwas wie Schmerz empfinden könnten.

Bestandsentwicklung bei der Saatkrähe

Saatkrähen sind Kulturfolger. Da, wo Saatkrähen auf Wiesen Nahrung suchen, gibt es keine Konflikte zwischen ihnen und den Menschen. Im Ackerland aber können Saatkrähen Schäden anrichten. Gewiß, das Ausmaß der Schäden wurde oft überschätzt. Der Anlaß für Verfolgung jedoch liegt auf der Hand.

Im Mittelalter schon, nämlich 1424 in Schottland und 1532 in England, wurden die Saatkrähen zu Schädlingen erklärt. Es wurden Prämien für ihren Abschuß gezahlt. Die Verfolgung der Saatkrähen hat heute nicht nachgelassen. In der Bundesrepublik ist die Saatkrähe zwar eine besonders geschützte Art, und sie steht auf der Roten Liste der bedrohten Brutvögel. Dennoch sind Verfolgungen mit behördlicher Genehmigung möglich. Viel schwerwiegender aber sind die unerlaubten Nachstellungen. Das Schießen in den Kolonien mit Waffen oder Feuerwerk, das Fällen der Horstbäume, das Auslegen von Gift sind die häufigsten Störungen. Auch die Anwendung von Bioziden soll für den Rückgang verantwortlich sein.

Auf der jetzigen Fläche der Bundesrepublik Deutschland zum Beispiel gab es um 1900 rund 100 000 Brutpaare der Saatkrähe. 1950 waren es nur noch 25 000, 1980 17 000 Brutpaare. In den letzten Jahren ist der Bestand leicht angestiegen.

	1980	**1984**
Niedersachsen	2200	3071
Schleswig-Holstein	10360[1]	12500[5]
Hamburg	50[2]	37
Nordrhein-Westfalen	1600–1700[3]	1613
Hessen	70	200
Rheinland-Pfalz	500	635
Saarland	—	—
Bayern	1400[4]	1467[4]
Baden-Württemberg	500	600
	16530	18123

Der Brutbestand in Westberlin beträgt 180 Brutpaare (STORCK 1985).

Tabelle 1. Saatkrähenbestand in der Bundesrepublik Deutschland nach einer DBV-Umfrage:
[1] Bestand 1979
[2] Nach WITT 1985
[3] nach EBER 1966
[4] nach MAGERL 1980; 1978 betrug der Bestand 1407–1467 Brutpaare
[5] Angaben für 1985

Den Herren HECKENROTH, KNIEF, ROSSBACH, STORCK und WITT danke ich für die Brutpaar-Angaben.

In der DDR ist die Saatkrähe nicht geschützt, doch sind Störungen der Kolonien (seit 1955) verboten. Vorher spielte das Fällen von Horstbäumen, das Ausnehmen der Jungen – mit Hilfe von Feuerwehr und Zapfenpflückern – eine wichtige Rolle für das Abnehmen. Wesentlich war auch das Vergiften von Saatkrähen mit Ködern. All diese Maßnahmen, ob legal oder illegal, haben einen erheblichen Rückgang der Saatkrähe bewirkt, und zwar sowohl in den östlichen als auch in den westlichen Ländern. (Nach Auffassung einiger Zoologen ist in vitalen Populationen eine mäßige Regulation durch Abschuß vertretbar.)

Störungen mit Feuerwerk oder das Fällen der Horstbäume führt zwar nicht unmittelbar zu einem Rückgang, sondern zunächst einmal zur Aufsplitterung der Kolonien. Kolonien von 1000 oder 2000 Brutpaaren gibt es in Deutschland nicht mehr. Wo heute in der Bundesrepublik 400 Saatkrähenpaare brüten, haben wir schon eine große Kolonie.

Der Abschuß junger Vögel oder das Ausnehmen der Nestjungen wirkt sich nicht unmittelbar auf den Bestand aus, sondern erst nach etlichen Jahren, wenn die Jungvögel zur Fortpflanzung kommen und die alten Vögel sterben.

In der Bundesrepublik sind Schleswig-Holstein und Niedersachsen von jeher die klassischen Saatkrähengebiete. In beiden Ländern ist der Bestand erheblich zurückgegangen, scheint aber zur Zeit ungefähr auf gleicher Höhe zu bleiben. In Schleswig-Holstein gab es um 1955 noch rund 16000 Brutpaare. 1982 waren es 10000, heute sind es wieder 12500. Zusammengeschrumpft ist auch der bayerische Bestand (siehe Tabelle). Baden-Württemberg liegt an der Südgrenze des Verbreitungsgebietes und hat in den letzten Jahren ungefähr einen gleichmäßig niedrigen Bestand von ungefähr 600 Brutpaaren.

Das Hauptsaatkrähenland in der DDR ist Mecklenburg. Dort hatten sich die Saatkrähenbestände nach dem Kriege zunächst erholt. Gab es 1941 nur 8000 Brutpaare, so war der Bestand bis 1945 auf 29000 Brutpaare angewachsen. 1960 aber wurden für die ganze DDR nur noch 13315 Brutpaare gezählt. (Die Schätzzahl für 1900 liegt bei 100 000 Brutpaaren.)

Kleinräumig gesehen ist der Rückgang der Saatkrähenbestände oft noch viel erschreckender. In Südostniedersachsen gab es um 1850 einen Brutbestand von 15 000 Brutpaaren; bis 1981 ging er auf neun Paare zurück. In Hessen wurden 1956 ungefähr 450 Brutpaare gezählt, 1979 waren es weniger als hundert, heute sind es 70.

Rückläufig sind auch die Bestände in England, Holland (Tabelle 2) und in anderen Ländern. In Österreich gibt es ohnehin nur einen sehr geringen Saatkrähenbestand, in Niederösterreich (1975) 42 Brutpaare und im Burgenland (1975) 120 Brutpaare. Gut 100 Schweizer Saatkrähenpaare besiedeln wenige kleine Kolonien im Grenzbereich zu Deutschland.

Jahr	1924	1936	1944	1970	1975	1980
Anzahl der Nester	30 863	39 350	47 567	10 683	10 956	19 175

Tabelle 2. Rückgang der Saatkrähe in Holland. Fast überall in Europa haben die Brutbestände der Saatkrähe abgenommen. Die Tabelle gibt Daten über die Bestandsentwicklung der Saatkrähen in Holland von 1924 bis 1980. Aus J. J. LEEVER

Im ganzen jedenfalls haben wir das Bild eines stark geschrumpften Brutbestandes, der sich zumindest in der Bundesrepublik offenbar aufgrund der strengeren Schutzbestimmungen in den letzten Jahren auf dem sehr niedrigen Niveau gehalten hat.

Nahrung und Nahrungserwerb

Ein nutzloser Streit

Sind Krähen nützlich oder schädlich? Über diese Frage haben schon viele gestritten. Da gibt es jene, die aufrechnen, wieviel Mäuse die Saatkrähen-Überwinterungsschwärme im Winter fressen. MICHAELA VEH errechnete für den recht kleinen Schlafplatz Kraichtal in der Nähe von Heidelberg mehr als 35 000 erbeutete Mäuse je Winter. Während ihrer Untersuchungen im Jahre 1979 und 1980 übernachteten dort rund 4000 Saatkrähen.

Dann gibt es die Beschreibungen des GEYR VON SCHWEPPENBURG in seinen kleinen

Bild 7 (links). Typische Grablöcher der Saatkrähen, die systematisch entlang einer Drillreihe verlaufen. Die Keimlinge stehen teilweise noch fest im Boden verankert. Aufnahme M. VEH

Bild 8 (rechts). Frische Spuren von systematischer Nahrungssuche durch Saatkrähen in einem durch Regen nassen Winterweizenschlag. Man beachte die Länge der Spur. Aufnahme M. VEH

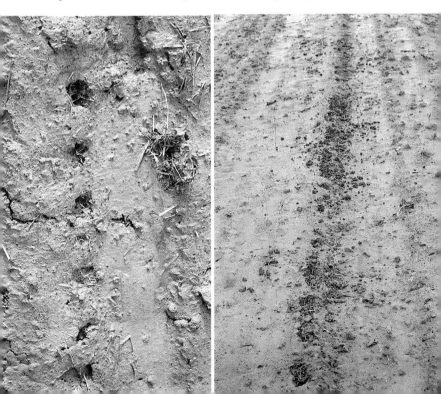

Bild 9. Wo Engerlinge oder Kohlschnakenlarven an den Graswurzeln fressen, stirbt der Rasen oft auf großen Flächen ab. Aufnahme R. STEINMETZ

Notizen zum Vogelzug 1903. Er berichtet, daß vor langen Jahren auf dem Gute seines Vaters eine Kolonie entstand, die 1904 etwa 1000 Paare umfaßte. Ehe die Krähen dort brüteten, wurden die Kleefelder von Engerlingen verwüstet, und die Maikäfer hatten in den Flugjahren die Bäume kahlgefressen. Die Krähen sorgten dafür, daß die Maikäferplage von Jahr zu Jahr abnahm, so daß die Maikäfer zuletzt selten wurden. Auch die Raupen des Eichenwicklers wurden von den Krähen wirksam in Schach gehalten. Es heißt, „ein Teil der Krähen fiel auf die Eichen ein und las dort die Raupen ab, während die anderen in breiter Front auf dem Boden vorrückten und die heruntergefallenen Schädlinge verfolgten. Solch eine Schar von über 200 Saatkrähen kann schon ganz ordentlich unter den Raupen aufräumen." Im Aargauischen Fricktal schien eines Jahres die Wintersaat verloren zu sein. Sie welkte dahin. Im Spätherbst erschienen dann durchwandernde Saatkrähen. Als sie weiterzogen, sahen die Getreidefelder wie umgepflügt aus. Überall hatten die Krähen gebohrt und gehackt. Aber zum Erstaunen der Landwirte erholte sich die Saat binnen kurzer Zeit und gab einen vollen Ertrag. Drahtwürmer hatten die junge Saat zum Welken gebracht. Sie waren von den Krähen vernichtet worden. Die Krähen waren so lange geblieben, bis sie mit den Schädlingen aufgeräumt hatten. Saatkrähen sind also nützlich, oder doch nicht?

Es gibt eben auch die andere Seite. Wo Saatkrähen in der Ackerlandschaft brüten, finden wir verwüstete Maisäcker und geplünderte Fruchtschläge in der Milchreife. Hat ein Bauer mit eigenen Augen gesehen, wie die Krähen über seinen Acker herfallen, werden ihn noch so lange Listen über schädliche Tiere, die von Saatkrähen erbeutet wurden, nicht überzeugen.

Wissenschaftler konnten tatsächlich Schäden durch Saatkrähen nachweisen.

Bild 10. Die Engerlinge unter dem abgestorbenen Rasen werden von den Saatkrähen systematisch herausgepickt. Aufnahme K. RUGE

Zwei tschechische Biologen (FOLK und TOUSKOVA 1966) haben Saatkrähenmägen während der Brutperiode untersucht. In Volumenprozenten ausgedrückt, machten pflanzliche Nahrungsbestandteile 63,42% aus, die tierischen 20,5%. Außerdem fanden sie noch 16,8% mineralische Bestandteile. Bei den pflanzlichen Dingen waren wiederum Mais mit 23,8% und Weizen mit 21,4% am stärksten vertreten.

MICHAELA VEH hat Nahrungsuntersuchungen im Winter durchgeführt. Bezogen auf den Schlafplatz Kraichtal mit seinen 4000 Krähen (Winter 1979/1980) waren es immerhin rund 90 dz Weizen (= 9 t), 8,4 dz Gerste, 8,4 dz Hafer und 150 dz Mais, die von den Krähen während eines Winters gefressen wurden.

Auf den ersten Blick scheint das ein sehr hoher Schaden zu sein. Ohne Zweifel hatten die unmittelbar betroffenen Landwirte wirklich erhebliche Ausfälle. Aber wir müssen die Mengen in bezug auf das gesamte Aktionsgebiet der Krähen sehen (siehe S. 35 ff.) und zur Gesamtfläche des angebauten Weizens. Nach der Aufstellung der „Landwirtschaftlichen Bodennutzungserhebung" von 1977 gibt das Landwirtschaftsamt Bruchsal an, daß dort eine Gesamtfläche von 5882 ha Weizen und 4662 ha Gerste angebaut würden. M. VEH hat nun ausgerechnet, daß bei einem Aufwand von 2,5 dz Saatgut je ha Gesamtfläche 14630 dz Saatgut (Weizen) benötigt wurden. Daraus gibt sich ein Fraßverlust durch Krähen von ungefähr 0,6%. Bei der Gerste errechnet sie einen Verlust von 0,3%. Der von den Krähen gefressene Mais bestand überhaupt nur aus Ernteabfällen, die auf den Äckern liegengeblieben waren, und ist damit kein wirtschaftlicher Verlust.

Gelegentlich wird den Krähen nachgesagt, sie würden die Gehege von Rebhühnern und Fasanen plündern. Das aber geht fast immer auf das Konto der Raben-

Bild 11a (links). Oben: Junge Saatkrähe, Schnabelwurzel sperrig befiedert. Mitte: Alte Saatkrähe, Schnabelwurzel nackt, grindig. Unten: Rabenkrähe, Schnabelwurzel glatt anliegend befiedert. Nat. Größe

Bild 11b (unten). Kopffedern von Raben- und Saatkrähen. Links: Rabenkrähe, Feder gerundet. Rechts: Saatkrähe, Feder zugespitzt. Aus GERBER
Bei eigenen Überprüfungen waren die Unterschiede keineswegs so eindeutig.

		Vormittag bis 11 h	Mittag 11 h–15 h	Abend[1] ab 15 h
PICKEN	Wiesen	62,5%	71,4%	61,3%
	SG	60,5%	50,6%	73,0%
	WG	92,9%	86,3%	?
OBERFL. GRABEN	Wiesen	31,2%	26,0%	35,5%
	SG	38,1%	46,2%	27,0%
	WG	7,2%	9,0%	?
TIEFES GRABEN	Wiesen	6,2%	2,6%	3,2%
	SG	1,3%	3,3%	0
	WG	0	4,5%	?
Anzahl der Beobachtungen		40	63	31

Tabelle 3. Relativer Anteil der verschiedenen Möglichkeiten der Nahrungsaufnahme auf Wiesen, Sommer- und Wintergetreidefeldern im April.
SG Sommergetreide; *WG* Wintergetreide

[1] Gegen Abend halten sich die Krähen nur vereinzelt auf Wintergetreidefeldern auf, so daß hier keine Zählungen möglich.
Aus GANZHORN 1981

krähe und der Elster. Unbedeutend ist es, wenn hier und da einmal Zweigspitzen von jungen Bäumen zum Nestbau abgebrochen werden. In der Nähe von Flugplätzen können Saatkrähen für die Luftfahrt gefährlich werden. Doch nur 5 % der Zusammenstöße von Vögeln mit Flugzeugen werden von Krähenvögeln verursacht. Von Flugplätzen lassen sich Krähen durch Scheuchen vertreiben oder durch höheren Graswuchs vergrämen. Das hohe Gras vermindert ihre Übersicht und erschwert die Nahrungssuche.

Gelegentlich fühlen sich Menschen, vor allem im städtischen Bereich, durch Saatkrähen-Lärm belästigt. Das Siedeln im Stadtbereich hat vermutlich durch die Verfolgungen in ländlichen Gebieten zugenommen. Wir müssen uns davon freimachen, die Nützlichkeit und die Schädlichkeit der Saatkrähen beweisen zu wollen. Wir sollten anerkennen, daß Saatkrähen zu unserer Tierwelt gehören, sehen, daß unsere Landschaft ohne Saatkrähen ärmer wäre. Wir sollten aber auch Wege finden, damit in einer veränderten Umwelt die Schäden durch Saatkrähen möglichst gering gehalten werden, und wir sollten Möglichkeiten finden, den unmittelbar geschädigten Landwirten zu helfen.

Inzwischen gibt es eine große Anzahl von Arbeiten über Saatkrähenernährung, Arbeiten, die in verschiedenen Gegenden, zu den verschiedensten Jahreszeiten und eben unter den verschiedensten ökologischen Bedingungen ausgeführt wurden. Da es für Saatkrähen typisch ist, gerade die Nahrung zu nutzen, die leicht erreichbar ist, fallen die Befunde und noch viel mehr die Bewertungen sehr unterschiedlich aus.

Saatkrähenschnäbel zum Graben

Es bringt uns wenig, die alte Fehde, ob Saatkrähen nützlich oder schädlich sind, neu zu entfachen. Saatkrähen sind wie die anderen Raben, wie Rabenkrähen, Kolkrabe und Dohle Opportunisten. Sie können alles Verdauliche fressen. Da wir Menschen dazu neigen, alle Erscheinungen in bestimmte Regeln oder Schemata zu zwingen, würden wir am liebsten sagen, Saatkrähen sind in bezug auf die Nahrung völlig unspezialisiert, sie sind Generalisten. Aber das stimmt nicht oder doch nur bedingt. Trotz ihres weiten Nahrungsspektrums haben Zoologen bei den Rabenarten Bevorzugungen festgestellt. Der Engländer LOCKIE hat Saatkrähen, Dohlen und Rabenkrähen verglichen. Er wies nach, daß Saatkrähen vor allem Nahrungsteile fressen, die unter der Bodenoberfläche vorkommen. Dohlen suchten ihr Futter vorwiegend von der Oberfläche. Rabenkrähen nahmen eine Mittelstellung zwischen diesen beiden Arten ein. Außerdem ergänzten Rabenkrähen ihren Speisezettel durch Aas, Eier, junge Vögel und Säuger. Bei den Nestlingen der Rabenkrähe machen diese Dinge immerhin 20–35 % der Nahrung aus. Ähnlich sind die Befunde bei erwachsenen Rabenkrähen.

Schauen wir uns die erwachsenen Saatkrähen mit ihrer kahlen Schnabelwurzel an, leuchtet uns ein, daß sie darauf spezialisiert sind, Samen oder Beutetiere auszugraben. Federn am Schnabelgrund stören beim Graben.

Auch eignen sich die schlanken, spitzen Saatkrähenschnäbel besser dazu, Futter aus Spalten herauszuziehen, als der kräftige Rabenkrähenschnabel (Bild 11). Auf gestaltliche Unterschiede zwischen Saat- und Rabenkrähen hat auch der Zoologe MEUNIER hingewiesen:

Der Abstand zwischen Nasenöffnung und Stirn ist bei der Saatkrähe größer. Das ist zweifellos eine Anpassung ans Graben. Saatkrähen haben auch einen stärkeren Muskelmagen als Rabenkrähen. Dieser Befund paßt nicht so recht zur Bevorzugung von Insekten. Starke Muskelmägen entsprechen ja eher Körnerfressern als Hühnern. Wenn wir aber an den Winter denken, trifft das auch für Saatkrähen zu. Dann nämlich fressen sie vielerlei Saat.

Der kurze Saatkrähendarm hingegen paßt wieder gut zum Bild des Fleischfressers. Pflanzenfresser haben im Verhältnis zu Fleischfressern viel längere Därme. Ein Kaninchen hat einen längeren Darm als ein Marder, denn pflanzliche Kost ist ballastreicher.

Nur eine Zuordnung der Saatkrähe in ein Schema bereitet doch Schwierigkeiten.

Die Technik des Nahrungserwerbs

Der nackte Grabschnabel ist eine Besonderheit der Saatkrähen, und entsprechend besteht eine ihrer Strategien des Nahrungserwerbs darin, zu graben. Sie stoßen mit dem Schnabel in die Erde und werfen sie dann auf die Seite. Oder sie nutzen vorhandene Löcher aus und stecken da den Schnabel hinein. Bei diesem „tiefen Graben" werden Nahrungsteile aufgenommen, die tiefer als 2 cm im Boden liegen. Auch oberflächliches Graben, bei dem der Boden bis 2 cm Tiefe ausgebeutet wird, kann man beobachten.

		Sommer-getreide	Winter-getreide	Wiesen
März	1978	7,1%	8,1%	63,3%
April	1978	76,9%	3,4%	19,1%
	1979	72,8%	13,2%	14,0%
Mai	1978	40,1%	0%	49,8%
	1979	43,9%	20,9%	35,2%
Juni	1978	0%	0%	100%
	1979	0%	0%	100%

Tabelle 4. Prozentuale monatliche Verteilung der jeweils auf den verschiedenen Flächen gezählten Krähen.
Aus GANZHORN 1981

Beim Picken wird der Schnabel wie eine Pinzette angesetzt. Es werden Insekten und Grassamen aufgelesen, Körner, Schnecken, Käfer, und zwar von der Erdoberfläche. Stroh wird gedreht, kleine Erdklumpen beiseite gewälzt. MICHAELA VEH beschreibt noch ein Zirkeln. Dabei stoßen die Krähen mit geschlossenem Schnabel in den Boden, spreizen ihn dann mit drehenden Bewegungen, um an Keimlinge oder Fruchtkörner in der Erde heranzukommen.

Wenn auch das Graben die für Saatkrähen typische Weise des Nahrungserwerbs ist, so ist sie doch die anstrengendste. Darum wird sie auch von den Saatkrähen am seltensten angewandt.

Die Nahrung der Brutkrähen

Baden-Württemberg liegt an der südwestlichen Grenze der Saatkrähenverbreitung. Vermutlich hat dort die Flurbereinigung der Saatkrähe genützt, weil sie für offene, übersichtliche Flächen sorgte. Anfang 1970 war die Kolonie Schemmerberg in der Nähe von Laupheim auf 378 Brutpaare angewachsen. Die Kolonie befand sich in einem Laubwald mit vielen Eschen an einem Hang des Rißtales. In unmittelbarer Nähe der Kolonie befanden sich die feuchten, vermoorten, zum Großteil mit Gras bewachsenen Böden des Rißtals. Westlich schloß sich Hügelland an, das vor allem ackerbaulich genutzt wurde. Die Kolonie lag unmittelbar zwischen den Fruchtfeldern der Westseite und den Niederungswiesen auf der östlichen Seite. Hier wollte GANZHORN feststellen, wie die Landschaft von den Krähen genutzt wurde. Solche Befunde sind, auch wenn sie nicht unmittelbar auf andere Bereiche übertragbar sind, wichtige Voraussetzungen für Artenschutzüberlegungen.
Er stellte aufgrund seiner Versuche und Beobachtungen folgende Regeln für die Nahrungswahl der Saatkrähen auf:
1. Die Nahrungswahl wird von der Zugänglichkeit der Nahrung bestimmt.
2. Sind tierische und pflanzliche Nahrung gleich gut erreichbar, bevorzugen Saatkrähen die tierische Nahrung.

Bild 12. Beim Fressen wird die Beute oft mit dem Fuß festgehalten. Aufnahme H. DANNENMAYER

3. Vom tierischen Nahrungsangebot werden weichhäutige Tiere vorgezogen.
4. Die Saatkrähe bevorzugt vor allem solche Böden, in denen sie mit dem Schnabel graben kann. Das sind in aller Regel weiche, feuchte Böden.

Wenn man diese Regeln kennt, dann läßt sich auch in einer Gegend, wo man das Verhalten der Saatkrähen noch gar nicht beobachtet hat, voraussagen, auf welchen Flächen sie sich aufhalten werden.

GANZHORN hat in Oberschwaben (Baden-Württemberg) beobachtet, wo Krähen im Laufe des Frühjahrs ihre Nahrung suchen. Außerdem hat er notiert, wie sie ihre Nahrung aufnehmen.

Nach seinen Beobachtungen halten sich die Krähen nach der Koloniegründung Mitte bis Ende März zunächst auf den Wiesen und auf dem Brachland auf. Dort suchen sie Mäuse, Insekten, Insektenlarven und -puppen. Werden Wiesen gemäht, Äcker gepflügt oder Stalldünger ausgebracht, sind die Krähen sofort da. Wo Maiskolben vom Vorjahr auf den Äckern herumliegen, holen sich die Krähen den Mais und die Insektenlarven, die sich darin befinden.

Wenn Anfang April das Sommergetreide ausgesät wird, haben die Ackerflächen eine hohe Anziehungskraft auf Krähen. Sie fressen dann Saatgut und keimende Samen.

Sobald die Landwirte damit beginnen, Gras für die Silage zu mähen, fliegen die Krähen fast ausschließlich auf die abgemähten Wiesen.

GANZHORN fiel bei seinen Beobachtungen auf, daß die Krähen vor allem im Mai und Anfang April zwischen den bevorzugten Flächen wechselten. Morgens gingen sie auf die Felder mit Sommergetreide. Mittags flogen sie zu den Wiesen, und am Abend suchten sie dann wieder die Felder auf. Zwischendrin gab es Tage, an denen die Krähen von früh bis spät auf den Getreideflächen saßen, andere, an denen sie schon frühmorgens zur Nahrungssuche auf die Wiesen flogen.

Woran mochte dieses unterschiedliche Verhalten liegen? GANZHORN ging dieser Frage nach. Wo sich die Saatkrähen aufhielten, hing davon ab, wo tierische Nahrung leicht zu erbeuten war. Das wiederum hing von der Temperatur und von den Feuchtigkeitsverhältnissen im Boden ab. Bei Bodenuntersuchungen konnte er feststellen, wie das Nahrungsangebot im oberen Bereich der Wiesenböden deutlich ansteigt, wenn die Lufttemperatur höher ist als die Temperatur des Bodens. Berücksichtigt wurden bei diesen Untersuchungen nur Beutetiere, die über 10 mm groß sind. Nur sie sind für die Saatkrähe als Nahrung bedeutsam.

In den Sommergetreidefeldern hingegen blieb das Nahrungsangebot in den oberen Bodenschichten auch bei Temperaturerhöhung nahezu gleich. Bei trockner Witterung war sogar festzustellen, daß sich die beweglichen Tiere, wie die Regenwürmer, in tiefere Bereiche zurückzogen. Im April und Mai trocknen die Wiesenböden auch dann nicht aus, wenn den ganzen Tag über die Sonne scheint. Im Sommer wurden von den Saatkrähen nur noch die Talwiesen genutzt, die Wiesen auf der Höhe hingegen gemieden. Das wies auf die große Bedeutung der feuchten anmoorigen Wiesen hin, in denen die Krähen im Sommer noch ohne Mühe sogar grabend ihre Nahrung suchen konnten. In unseren Regionen ist für Saatkrähen der Sommer und nicht etwa der Winter die Zeit der Nahrungsknappheit. Wie schon erwähnt, machen sich die Saatkrähen das Leben nicht unnötig schwer, und solange sie pickend ihr Futter finden, picken sie eben. Auf trockenen Wiesen haben sie im Sommer sehr viel mehr Mühe, Nahrungstiere zu finden.

Wenn im April am Morgen die Wiesen bereift sind, zeigen die Krähen ein Verhalten, das von der Regel, morgens Äcker aufzusuchen, abweicht. Dann nämlich ziehen sie, sobald die Sonne den Reif aufgetaut hat, auf die Wiesen, obwohl die Bodentemperatur mehrere Grade über der Lufttemperatur liegt. Die Saatkrähen picken dort ausschließlich Insekten und andere kleine Tiere von den Gräsern ab. Die sitzen da starr und bewegungsunfähig und brauchen nur abgelesen zu werden.

Die Nahrung junger Saatkrähen

Bild 13. Walnüsse sind bei Saatkrähen beliebt. Die Nüsse werden entweder aufgeschlagen, oder die Vögel lassen sie aus dem Fluge herabfallen. Aufnahme H. DANNENMAYER

Manche Wissenschaftler beschreiben, daß junge Saatkrähen in den ersten Wochen nur mit tierischer Nahrung versorgt würden, erst später würden sie auch mit Samen gefüttert.
Andere Biologen stellten fest, daß Saatkrähen ihren Jungen schon vom ersten Tag an Getreide bringen, besonders dann, wenn das Wetter kalt und tierische Nahrung nicht auffindbar ist.
GANZHORN konnte bei seinen Untersuchungen noch etwas ganz anderes feststellen, etwas, das auch schon andere Zoologen vor ihm gesehen hatten. Saatkrähen verzehren eigentlich viel mehr landwirtschaftliche Schädlinge, als zu erwarten ist.

Der prozentuale Anteil der Schädlinge an der Nahrung ist höher, als es ihrem Anteil an der Bodenfauna entspricht. Das bedeutet also, die Saatkrähen suchen ihre Nahrungstiere selektiv. Die Tipulidenlarven (Kohlschnaken) stellten im Laupheimer Raum nur 1–2% der im Boden lebenden Tiere dar. Trotzdem wurden sie in sehr großer Zahl verfüttert. Offenbar suchen die Saatkrähen für sich und ihre Jungen nach ganz besonderer Nahrung. Möglich ist aber auch, daß sie gehäufte Vorkommen von Nahrungstieren sehr rasch finden und es auf diese Weise im Futter zu einem Schädlingsanteil kommt, der weit über den gemessenen Bodenproben liegt.

Eine ganze Reihe von Beispielen aus der Zeit vor der chemischen Schädlingsbekämpfung (siehe S. 24) zeigt, wie Saatkrähen Massenvorkommen von Beutetieren gefunden hatten und so weit nutzten, daß Schäden in den landwirtschaftlichen Kulturen verhindert wurden.

Mancher wird sich fragen, ob diese Untersuchungen nicht zu akademisch sind. Bringen sie überhaupt irgend etwas für den Schutz der Saatkrähe? Ich meine, die Beobachtungen geben den wichtigen Hinweis, daß Saatkrähen tierische Nahrung bevorzugen. Wir können also versuchen, in besonders kritischen Zeiten, etwa dann, wenn der Mais gesät wird, den Saatkrähen tierische Nahrung zu erschließen, dadurch, daß die Wiesen gemäht werden, evtl. sogar vorzeitig gemäht werden. (Daß sich vorgezogene Mahd für Wiesenvögel ungünstig auswirken kann, sollte dabei beachtet werden.)

Die Nahrung der Winterkrähen

In weiten Bereichen Deutschlands kommen Saatkrähen nur im Winter vor. Es sind also Wintergäste und keine Brutvögel. Nicht nur die Nahrung von Winter- und Brutkrähen ist unterschiedlich. Brutkrähen und Winterkrähen zeigen auch unterschiedliches Verhalten.

Den Brutkrähen kann der Mensch sehr leicht und gezielt schaden. Die Winterkrähen sind viel weniger störungsanfällig. Zumindest sind Störungen nicht so folgenschwer. Nicht einmal das Abschießen der winterlichen Saatkrähen hat zahlenmäßig Einfluß auf die Bestände. Trotzdem ist es abzulehnen. Es ist nämlich nicht erwiesen, daß es nachhaltiger abschreckend wirkt oder jedenfalls wirksamer wäre als andere Vertreibungsmethoden. Da das Tierschutzgesetz das Töten ohne vernünftigen Grund verbietet, kann das Krähenschießen auch aus rechtlichen Gründen nicht hingenommen werden.

Die Winterkrähen verstreuen sich weit über das Land. Die Schäden sind, auf größere Bereiche gesehen, verschwindend gering. Daß überhaupt Schäden auftreten, wird vom Menschen begünstigt. Würde die Wintersaat früher in den Boden kommen, wäre sie, wenn die Haupttrupps der Saatkrähen im November bei uns eintreffen, schon so weit entwickelt, hätte das Vierblattstadium erreicht, daß keine Fraßschäden mehr vorkommen. Die treten nämlich nur bei frischkeimendem Getreide auf. Die späte Aussaat jedoch ist wirtschaftlich bedingt. Wenn vorher Zuckerrüben angebaut wurden, kann die neue Saat erst dann in den Boden, wenn die Rüben geerntet sind.

Wegen der ausgedehnten Zuckerrübenkampagne – die Termine werden von den Fabriken vorgeschrieben – sind die Aussaattermine oft sehr spät, und wenn es dann gar noch kühl ist, verzögert sich die Keimung der Saat.

Ein weiterer Grund für hohe Schäden durch Krähen im Winter können Mülldeponien sein. Die großen, häufig unabgedeckten Deponieflächen sind für die Saatkrähen ein starker Reiz. Sie liegen oftmals völlig offen und kommen dem Bedürfnis der Krähen nach übersichtlichem Gelände entgegen.
Je nachdem wie eine Deponie geführt wird, ob das Material abgedeckt wird oder

Bild 14. Mülldeponien in Nordbaden. Wegen des Nahrungsangebots haben sie für Krähen eine große Anziehungskraft. Nach VEH 1981

● Deponie mit Krähenbesatz ○ Deponie ohne Krähenbesatz

Deponie mit Krähenbesatz und Auftreten von Schäden im Umfeld

Bereiche, aus denen Krähenschäden gemeldet wurden

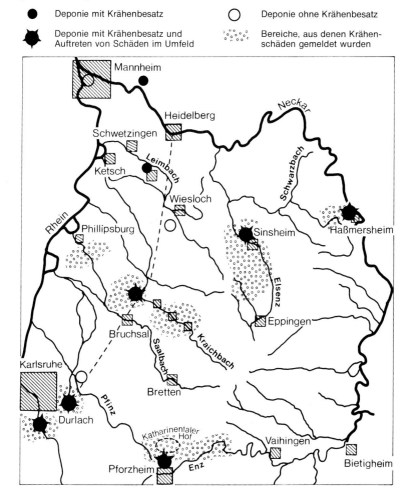

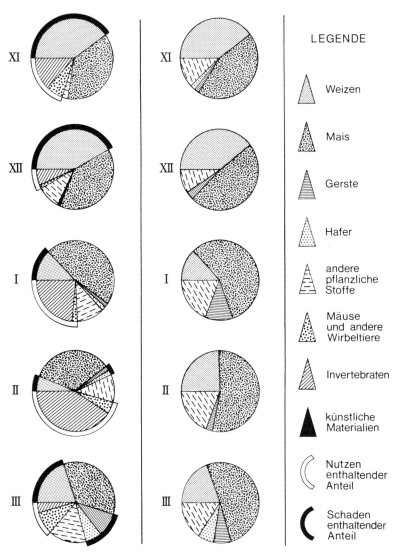

LEGENDE

△ Weizen

△ Mais

△ Gerste

△ Hafer

△ andere pflanzliche Stoffe

△ Mäuse und andere Wirbeltiere

△ Invertebraten

▲ künstliche Materialien

(Nutzen enthaltender Anteil

(Schaden enthaltender Anteil

Bild 15. Links: Zusammensetzung der Gewölle aus einer Winterperiode (Nov. bis März 1979/80) vom Schlafplatz Kraichtal, nach der Umrechnung auf die aufgenommene Nahrung. Der Weizenanteil ist zur Aussaatzeit besonders hoch. Von Januar bis März bevorzugten die Saatkrähen Maiskörner, die bei der Ernte auf den Feldern liegengeblieben waren. (Gelegentlich wohl auch als unverdauter Silomais mit Gülle oder Mist ausgebracht.) Beachtlich hoch ist der Mäuseanteil = Vertebraten.
Mitte: Übersicht über die monatlichen Schwankungen der verschiedenen pflanzlichen Anteile in Gewöllen des Schlafplatzes Kraichtal vom Winter 1978/79. Nach VEH 1981

nicht, kann der Krähenbesatz unterschiedlich sein. Deponien, die im Wald liegen, werden von Krähen weitgehend gemieden.

Zuweilen befinden sich in unmittelbarer Umgebung von Mülldeponien Weizenfelder. Dort kann man dann feststellen, daß die Krähen immer von der Deponie auf die Felder pendeln und auf den Feldern erhebliche Schäden anrichten. Systematisch suchen sie entlang der Drillreihen die Weizenkeimlinge.

In den vergangenen Jahren wurde der Zusammenhang von Mülldeponie und Schaden immer auffälliger. Das spiegelt sich auch in einem Urteil des Bundesgerichtshofes (Az.: III ZR 95/78). Danach sind die Betreiber von Mülldeponien für Schäden, die durch Vogelschwärme in der Umgebung angerichtet werden, verantwortlich. Sie müssen also für die Verluste der Bauern auf angrenzenden Feldern zahlen.

Gewölle, die man an den Schlafplätzen der Krähen sammelt, können ein gutes Bild über die Zusammensetzung der Krähennahrung liefern. Untersucht man diese Gewölle und zieht daraus unmittelbar Schlüsse auf die Nahrungszusammensetzung, ergibt sich ein falsches Bild. Insekten und Würmer z.B. werden schneller verdaut als pflanzliche Teile.

Deshalb hat MICHAELA VEH Saatkrähen im Labor mit Insekten gefüttert. Der Vergleich ihrer Gewölle mit den Gewöllen, die sie draußen gefunden hatte, führte zu einem Umrechnungskoeffizienten, der es ihr möglich machte, aus den Gewöllen freilebender Tiere Hinweise über die Nahrungszusammensetzung zu erzielen.

Die umgerechneten Daten aus der Winterperiode 1978/79 ergaben zunächst einmal einen sehr hohen Anteil an pflanzlicher Nahrung. Ein großer Teil allerdings stammte aus dem Mais, der von den Äckern abgesammelt wurde. Mais bedeutet in diesem Falle also nicht keimende Saat.

Besonders in Pforzheim fällt der beträchtliche Weizenanteil auf. Dort befand sich ein Saatgutvermehrungsbetrieb unmittelbar neben einer Deponie. Die Rubrik „übrige pflanzliche Teile" betrifft z.B. Kürbisse, Kartoffeln, die die Krähen auf den Feldern oder auch auf der Deponie fanden. Hafer und Gerste spielen eine relativ geringe Rolle. Einen erheblichen Anteil machen jedoch tierische Stoffe je nach Schlafplatz aus. Besonders in Sinsheim errechnete sich ein hoher Mäuseanteil. Vermutlich gab es in Sinsheim ein hohes Mäuseangebot.

Schauen wir uns am Beispiel des Schlafplatzes Kraichtal an, wie sich die pflanzlichen Nahrungsanteile im Laufe des Winters ändern, so finden wir, daß im November und Dezember ein hoher Anteil Weizen in den Gewöllen zu finden ist. Der starke Weizenanteil geht allmählich zurück. Der Weizen ist mittlerweile überall so stark gekeimt, daß die Krähen nicht mehr an die Felder herangehen. Die Zunahme des Weizens im Februar und März könnte bereits wieder auf Sommeraussaat zurückzuführen sein.

Auffallend aber ist, wie stark die Maiskörner und andere pflanzliche Teile von Januar bis März genutzt werden.

Überhaupt macht der Mais, bezogen auf den gesamten Winter, den Hauptanteil pflanzlicher Nahrung aus. Dabei ist das flächenmäßige Angebot an Mais relativ gering. Gegenüber der Nutzung der Weizenflächen ist hier eine eindeutige Maisbevorzugung abzulesen.

VEH zeigt uns: Der Schadenanteil an der gesamten Nahrung macht maximal 40% aus, im Winter durchschnittlich 22%. Der Nutzenanteil der Nahrung im Winter be-

Bild 16. Saatkrähen-„Gewölle" (Speiballen) enthalten unverdauliche Nahrungsbestandteile wie Spelzen, Knochen und Schneckenschalen. Aufnahme H. DANNENMAYER

trägt durchschnittlich 18%, im Höchstfall 47% der Gesamtnahrung. Diese Werte gelten natürlich nur für den Winter 1979/80, können aber für einen anderen „Schadenwinter" durchaus als repräsentativ angesehen werden.

Im Gegensatz zu den Beobachtungen an Brutkrähen im Rißtal hielten sich die badischen Winterkrähen nicht bevorzugt auf Wiesen auf. Das ist verständlich, denn im Sommer haben Wiesen ein sehr hohes Angebot an Insekten. Im Winter fällt das fort. Die Bevorzugung der Ackerflächen im Badischen war zunächst unabhängig von den Stadien der Bearbeitung oder Bestellung. Die Krähen wurden sogar häufiger auf abgeernteten und umgebrochenen Feldern beobachtet als auf bestellten oder Sommergetreideflächen. Die abgeernteten Flächen aber waren meistens Flächen, auf denen Jahre vorher Mais angebaut wurde. Andererseits heißt das durchaus nicht, daß da, wo viele Krähen auf bestellten Flächen gesehen wurden, auch sehr hohe Schäden auftreten müssen. Die neueren Untersuchungen von VEH im südbadischen Raum haben gezeigt: Saatkrähenschäden sind nicht zu leugnen, nur werden sie oftmals zu hoch angesetzt. Die Schäden nehmen durch die modernen Bedingungen der Landwirtschaft wie großflächige Wintereinsaaten, späte Aussaat, zunehmende Beseitigung von Grünland und Obstwiesen zu. Sie werden verstärkt durch Zivilisationsprobleme, wie die Lagerung von Hausmüll, weil Müll die Krähen anlockt.

Und dennoch ist es schwierig, die Schäden zu vermeiden. Der einzelne Landwirt kann die Aussaatzeiten nicht frei bestimmen, weil ihm die Ablieferungstermine für Zuckerrüben vorgeschrieben sind. Er hat auch keine Möglichkeit, die Anlage von Mülldeponien zu verhindern oder den Betrieb auf der Deponie zu lenken.

Deshalb gibt es nur die gerechte Möglichkeit, das Saatkrähenproblem politisch zu lösen. Wo sehr hohe Schäden auftreten, müssen die Landwirte entschädigt werden. An Deponien bedeutet das, die „Betreiber" werden zur Kasse gebeten.

Was Saatkrähen sonst noch fressen

Getreide ist vor allem im Winter eine wichtige Saatkrähennahrung, aber es werden noch vielerlei andere Pflanzen und Pflanzenteile gefressen. Nicht nur Wildgräser gehören dazu, auch Rüben und Möhren oder „Unkräuter", z.B. verschiedene Arten von Gänsefuß, Knöterich, Hahnenfuß, Wegerich, Melde und Veilchen.

In der Literatur werden weiterhin erwähnt: Saatkartoffeln, Eicheln, Walnüsse, Sonnenblumenkerne, Erbsen, Bohnen, gelegentlich auch Obst und Beeren.

Umfangreich ist die Liste der tierischen Kost. Unter den Käfern sind es vor allem Laufkäfer, Rüsselkäfer, Blatthornkäfer (unter anderem Maikäfer, Rosenkäfer, Mistkäfer).

Sie fressen ferner Fliegen, Kohlschnaken, Schmetterlinge, Ameisen, Schlupfwespen, Wanzen, Heuschrecken, Grillen und Ohrwürmer. Manche Insekten werden verschmäht, z.B. Marienkäfer, Weichkäfer und Kartoffelkäfer wegen ihres schlechten Geschmacks, Bienen und Wespen vermutlich, weil sie unangenehm stechen, Schwebfliegen und Blattwespen, weil sie den Stech-Immen ähnlich sind. Unter den Insektenlarven sind vor allem Engerlinge, Schnellkäferlarven („Drahtwürmer"), Tipuliden(Kohlschnaken)-Larven, Erdraupen und Fliegenmaden wichtig. Aber auch Tausendfüßler, Asseln und Spinnen sowie Schnecken und Regenwürmer werden verspeist. Feld- und Waldmäuse können bei Massenauftreten einen großen Teil der Nahrung ausmachen. Gelegentlich werden auch Spitzmäuse, ausnahmsweise auch junge Feldhasen, Wildkaninchen und Wanderratten erbeutet.

Eidechsen und Fische sowie Eier und Jungvögel werden nur ausnahmsweise gefressen. Manchmal gehen die Saatkrähen auch an Aas.

Zur Fortpflanzungsbiologie

Saatkrähenlebensräume

Drei Dinge sind es, die Saatkrähen in ihrem Lebensraum suchen: Nahrung, Brutbäume und die Möglichkeit, sich sicher zu fühlen. Zur Nahrungssuche braucht die Saatkrähe möglichst feuchte Böden, zur Fortpflanzung isolierte Baumgruppen und kleinere Wälder. Um sich sicher zu fühlen, bevorzugt sie offene Landschaften. Deshalb leben Saatkrähen in unseren Kultursteppen. Wir dürfen annehmen, daß sie ursprünglich Steppenbewohner gewesen sind. Unsere Lebensbereiche wurden für die Saatkrähe erst bewohnbar, nachdem der Mensch den Wald gerodet hatte. Ackerböden, ausgedehnte Wiesen, die Nähe von Ortschaften und natürlich Baumbestände sind wichtige Strukturen im Lebensraum der Saatkrähe. Nach den Untersuchungen von FALLET (1978) finden sich in Schleswig-Holstein die meisten Brutkolonien im intensiv genutzten Ackerland (max. 20 % Grünland). FALLET betont auch, daß der wesentliche Einfluß für die Verteilung der Krähen in der Vegetationsperiode die Bodengüte und damit ein hohes Angebot an Nahrungstieren ist. Die landwirtschaftliche Nutzungsart hingegen ist als sekundär anzusehen. Auf leichteren Böden siedeln Saatkrähen, wenn nahrungsreiche Feuchtlandschaften in der Nachbarschaft liegen.

In Flußniederungen haben Saatkrähen den Vorteil, daß außer den landwirtschaftlichen Flächen während der Sommerzeit feuchte Bereiche – vor allem Wiesen – vorhanden sind, auf denen sie dann nach tierischer Nahrung suchen können.

Wenn Saatkrähen in den letzten Jahrzehnten verstärkt in Stadtparks, auf Friedhöfen oder sonstwo im Siedlungsbereich wohnen, ist das eine Antwort auf die vielen Störungen in der freien Landschaft.

Der Beginn der Fortpflanzungsperiode

Im März, wenn die Tage länger werden und wenn die Keimdrüsen der Saatkrähen gereift sind, dann erreicht die Balz ihren Höhepunkt. Balzzeremonien können wir

Bild 17. Schema eines Saatkrähen-Lebensraumes (Sommer). Zur Brutzeit sind für die Saatkrähen Gruppen mit hohen Bäumen – oft an Hängen – sowie weite steppenähnliche Bereiche notwendig. Wichtig sind auch feuchte Wiesen.
Zeichnung TH. RIES

sogar bei den Paaren beobachten, die schon lange miteinander leben. Bei „alten" Paaren sind Balzhandlungen oft weniger ausgeprägt. Auch außerhalb der Brutperiode nämlich halten die Paare zusammen. Sie gehen zusammen auf Nahrungssuche, sie schlafen nebeneinander. Oft reisen sie zusammen zu den verschiedensten Plätzen ihrer Winterreise. Die Brutkolonie und der Brutplatz werden gemeinsam besucht. Manchmal sieht man dann, wie das Männchen auf einem Ast des Nachbarbaumes sitzt und mit weitgeöffnetem Schnabel sein heiseres krah ruft. Dabei streckt es den Hals schräg nach vorn, fächert den Schwanz und lüftet die Flügel. Dann fliegt es zu dem Weibchen. Das Weibchen streckt sich, bis sein Schnabel den Männchenschnabel berührt, duckt sich und schlägt schnell mit den Flügeln, *spielt*

A

B

Bild 18. Vor-Kopulationsstellung von Männchen. Die meisten Verpaarungen finden statt, ohne daß vorher ein besonderes Balzritual zu beobachten wäre. Nicht selten versuchen Männchen mit brütenden Weibchen zu kopulieren. In mehr als 60% der Fälle sind das fremde Männchen. Vermutlich fühlen sich die Männchen zur Kopula aufgefordert, weil die Stellung des brütenden Weibchens der Stellung vor einer Paarung sehr ähnlich ist.
Die Vor-Kopulationsstellung ist wahrscheinlich aus dem Verbeugen und Schwanzspreizen hervorgegangen, aber der Schwanz wird dabei höher angehoben und stärker gespreizt. Der Kopf zeigt nach oben, der Schnabel aber nach unten. Die Männchen wollen die Weibchen durch diese Stellung zur Paarung auffordern. A Typische Vor-Kopulationsstellung, B Das Männchen präsentiert dem Weibchen seine Oberseite. Aus COOMBS 1960

Kind, es bettelt. Das Männchen füttert sein Weibchen oder deutet eine Fütterung auch nur an. Darauf fliegt das Weibchen auf das Nest, das Männchen folgt, und beide verpaaren sich. Auch noch während des Brütens und sogar am Tage des Schlüpfens begatten sich Saatkrähen.

Die Saatkrähe und ihr Nest

Die mitteleuropäischen Saatkrähenkolonien werden etwa im März besetzt. Ganz sicher ist die Heimkehr der Brutkrähen nicht festzustellen, weil sich in der Nähe auch immer noch Winterkrähen aufhalten. (In England, wo Saatkrähen Standvögel sind, werden Kolonien gelegentlich schon im Januar aufgesucht, allerdings nur für kurze Zeit.)
Mitte März beginnen die Saatkrähen mit dem Nestbau. Dabei suchen die Paare

Bild 19. Nicht selten befinden sich Saatkrähen-Kolonien in der Nähe von Häusern (aufgenommen im Burgenland, Österreich). Aufnahme H. DANNENMAYER

nach Möglichkeit ihre alten Nester wieder. Die alten Nester werden geflickt und ausgebessert. Wenn keine alten Nester mehr vorhanden sind, beginnen die später gekommenen Krähen, neue Nester zu bauen. Manchmal wählen Männchen und Weibchen getrennte Nestbereiche. Je nach Temperament des Erbauers entscheidet sich das Paar für ein Nest.

Bild 20. Manchmal verbeugen sich die Krähen, spreizen dabei den Schwanz und rufen. Der Schwanz wird über die Horizontale gehoben. Gleichzeitig werden die Flügel abgespreizt. Diese Pose ist von Mai bis Juli sehr selten zu beobachten. Aus COOMBS 1960

Zum Nestbau brechen die Krähen frische Zweige ab oder lesen Reisig vom Boden auf. Sie fliegen damit zum Nest und schichten das Material locker aufeinander. Gelegentlich wird auch Borke von Bäumen abgerissen. Die Nestmulde wird mit Gras, Grasbüscheln, vertrocknetem Mist, Erde, Moos oder anderem weichem Material ausgelegt. Sobald nur einige Zweige verbaut sind, bleibt ein Partner im Nest zurück und bewacht es gegen andere Saatkrähen. Diese versuchen, wenn der Wächter nicht aufpaßt, kleine Stöckchen herauszuziehen.

GANZHORN konnte beobachten, daß ein Nest dreimal bis auf den letzten Zweig ausgeraubt wurde. Die Nesteigentümer begannen daraufhin ein viertes Mal zu bauen. Er meint, daß es sich bei diesem Materialraub um ein ausgeklügeltes System handelt. Anfangs sitzen oft 10–20 Nesträuber im Abstand von 2–3 m entfernt und versuchen in Einzelattacken, Zweige aus dem Nest zu ziehen. Diese Einzelaktionen werden vom Bewacher, meistens vom Weibchen, erfolgreich abgewehrt. Führt diese Aktion nicht zum Erfolg, so greifen 2–3 Tiere das Weibchen direkt an und versuchen, es zu vergewaltigen. Während das Weibchen mit den Angreifern beschäftigt ist, fallen die übrigen „Belagerer" über das Nest her und plündern es. Diese Nestplünderungen halten, allerdings in stark abgeschwächter Form, auch noch an, wenn ein Nest bereits bebrütet wird.

Alte Nester, die von keinem Paar besetzt wurden, werden von den Krähen zum Bau ihrer Nester abgetragen.

Während die Rabenkrähe in der Brutzeit große Reviere verteidigt und alle Artgenossen aus diesem Bereich vertreibt, verteidigt die Saatkrähe nur ihren unmittelbaren Nestbereich. VOLKER DORKA (1973) hat beobachtet, wie Saatkrähen ihren Besitzanspruch geltend machen: Das Nestpaar hält hierbei eng zusammen und zeigt als Funktionseinheit handelnd ein ritualisiertes Rufduett, das unter heftigen Verbeugungen abläuft. Zum weiteren Unterschied gegenüber der Rabenkrähe werden Artgenossen nicht alle gleich behandelt. Unbekannte Altvögel werden bei Annäherung an das Nest heftig angedroht oder sogar angegriffen. Bekannte Altvögel – Nestnachbarn – werden nicht beachtet, wenn sie die eingefahrenen An- und Abflugwege zu ihrem Nest einhalten.

Horstbäume und Höhe der Nester

Auf bestimmte Baumarten zum Horstbau sind Saatkrähen nicht festgelegt. Für den Nestbau besonders geeignet sind Bäume mit kräftigen Gabeln auch noch in der Krone. Darum wird in Schleswig-Holstein die Buche bevorzugt. In Württemberg nisten sie zum großen Teil in Eschen. Doch in anderen Gebieten werden auch Linden, Eichen, Erlen, Birken, Pappeln, Ulmen und Kastanien sowie Kiefern und Fichten angenommen. Daß Krähen anscheinend auch regional nicht auf bestimmte Baumarten festgelegt sind, zeigen die Schemmerberger Vögel. Nachdem die Kolonie umgezogen war, nistete ein großer Teil der Saatkrähen nicht mehr in Eschen, sondern in Fichten.

In Hochspannungsmasten haben Saatkrähen auch schon gebrütet. Hochspannungsmasten sind von der Struktur her immerhin so etwas wie Bäume.

In Mitteleuropa nisten Saatkrähen überwiegend sehr hoch, 20–30 Meter (Luxemburg) über dem Boden oder doch 15–25 Meter (Württemberg).

In Luxemburg sind nur dort niedrigere Nester zu finden, wo keine Störungen auftreten. Auf dem Flugplatz Bremgarten bei Freiburg gibt es sogar Nester in 3–4 Meter Höhe. Dort mag der Mangel an besseren Brutplätzen die Saatkrähen veranlaßt haben, ihre Horste so niedrig zu bauen.

Saatkrähennester im Schilf

Ein sehr ungewöhnlicher Brutplatz wurde in Rußland bekannt, und zwar in Aserbaidschan. An dem See Ag-Gjol wurde 1969 eine große Saatkrähenkolonie im Röhricht entdeckt. Im Gegensatz zu einem anderen See, wo ein paar Jahre vorher schon Saatkrähen im Röhricht gesehen wurden, nisten die Saatkrähen hier gemeinsam mit Scharben. Dabei befanden sich die Nester der Saatkrähen im Nordteil der Kolonie. 250 Nester konnten am Ag-Gjol festgestellt werden. Die Nester befanden sich 40 bis 147 cm über der Wasseroberfläche. Geknickte Schilfstengel bildeten mit den benachbarten Stengeln unter dem Nest ein haltbares Geflecht, das auch bei stärkstem Wind standhielt. Nestunterlage und Nest bestanden aus umgeknickten Schilfstengeln und kleinen Tamariskenzweigen. Die Nestmulde war mit Schilfblättern, Schilfrispen und anderen Pflanzenteilen ausgepolstert. (Der Durchmesser der Nester betrug 38–46 cm, die Höhe 21–25 cm.)
Im biologischen Bereich muß man eben immer darauf gefaßt sein, neue Dinge zu entdecken. Gerade bei Arten, die eine so hohe Anpassungsfähigkeit haben wie die Rabenvögel, ist man vor keiner Überraschung sicher.

Große Kolonien sind stabil

Saatkrähen sind Koloniebrüter. In älteren Schriften werden für Deutschland Kolonien mit über 1000 Brutpaaren erwähnt. In Schottland soll sogar 1945 noch eine Kolonie mit 6000 Horsten bestanden haben. 1976 war die größte Kolonie in Schleswig-Holstein mit 408 Brutpaaren besetzt. Gar nicht lange vorher, nämlich 1954, gab es bei Kiel noch eine Kolonie mit fast 1000 Brutpaaren. Werden Saatkrähenbestände gestört, dann teilen sich die großen Kolonien auf, trotz sozialer Neigungen der Saatkrähen. Auf den ersten Blick kann das eine Zunahme der Saatkrähe vortäuschen. Es sind mehr Kolonien da. Doch fast immer sind die Brutbestände insgesamt kleiner geworden.
Die Erfahrung zeigt, daß große Kolonien stabiler, vitaler sind als kleine. 10–20 Horste sind überhaupt das Minimum für eine „gesunde" Kolonie.
Einzeln brütende Saatkrähen sind sicher eine Ausnahme. Dennoch finden wir in der Literatur immer wieder Hinweise. So fand schon LINNÉ 1741 und später COOMBS (1960) einzeln brütende Paare. KUMMERLOEWE beschreibt einen Einzelbrutversuch aus dem Jahr 1952 bei Lehmbruch am Dümmer. Im Jahre 1950 brütete ein einzelnes Paar auf dem Turm der Pfarrkirche von Geisenheim im Rheinland. Im folgenden Jahr brüteten dort 3 Paare, 1952 sogar 12 Paare. Von da an ging der Bestand wieder zurück (MELCHIOR). Manchmal brüten Saatkrähen auch erfolgreich in Graureiherkolonien. Wenn die Saatkrähen die Reihernester stets wieder abbauen, kann der Brutbeginn der Reiher um mehrere Wochen verzögert werden. Andererseits können in Saatkrähenkolonien auch andere Vögel brüten, wie etwa Ringeltauben, Stare, Kolkraben, Turmfalken oder Waldohreulen.

Bild 21. Saatkrähe mit prall ge-
fülltem Kehlsack. Aus GOOD-
WIN 1976

Brüten und
Jungenaufzucht

Mitte März bis Mitte April
werden 3–6 Eier gelegt. Die
Jungen schlüpfen gerade,
wenn besonders viel tierische Nahrung zur Verfü-
gung steht. Der Legeab-
stand beträgt 1 oder 2 Tage.
Bebrütet werden die Eier
nur vom Weibchen. Schon
nach Ablage des ersten Eies
sitzt es zeitweise auf dem
Nest. Aber erst wenn das Gelege vollständig ist, brütet es
dauernd.

Bereits während der Nestbauperiode verläßt das Weibchen selten den Nestbereich. Hat es aber mit dem Brüten begonnen, geht es kaum mehr einige Meter fort.
In dieser Zeit wird das Weibchen vom Männchen gefüttert. Das Männchen bringt
das Futter ans Nest, überreicht es dem Weibchen auf einem Ast in der Nähe des
Nests. Die Nahrung wird im Schlund herbeigetragen und ausgewürgt, dem Weibchen in den Schnabel geschoben. Manchmal erkennt ein Weibchen sein Männchen schon auf 50 oder mehr Meter. Dann schlägt es mit den Flügeln und ruft. Zuweilen hüpft es ihm auch im Gezweig entgegen, oder es fliegt ein paar Meter auf ihn
zu. Hin und wieder gönnt sich das Weibchen einen Bewegungsflug. Dann bleibt
das Männchen als Wache am Nest. Das Weibchen geht immer auf dem gleichen
Weg und auf denselben Ästen zum Nest zurück und kuschelt sich dann auf dem
Gelege zurecht. Von Zeit zu Zeit müssen die Eier gewendet werden, gegen Ende
der Brutzeit etwa alle 45 Minuten. Hin und wieder kommt es auch vor, daß fremde
Männchen sich mit dem brütenden Weibchen paaren wollen.

16–20 Tage nach der Eiablage schlüpfen die Jungen. Da das Weibchen schon mit
dem Brüten begonnen hat, ehe das Gelege vollständig war, schlüpfen sie auch
nicht gleichzeitig, sondern im Abstand von 2–3 Tagen. Die Eischalen werden vom
Weibchen verschluckt.

Wenn die Jungen geboren werden, sind sie zunächst blind und nackt. Nur auf dem
Rücken haben sie ein paar dürftige Dunen. Sie haben breite Schnabelwülste und
einen blutroten Sperrachen. Bis zum 10. Tag werden die Jungen vom Weibchen
fast ständig gehudert. Nach dem Schlüpfen der Jungen fliegt das Männchen häufig zur Futtersuche. Es muß während der ersten 2–3 Wochen die Nahrung für die
ganze Familie herbeischaffen. Bei jedem Ausflug bringt es Futter für ein Junges.
Manchmal bekommt auch noch ein zweites Junges oder das Weibchen etwas.
Der Fütterungsabstand kann sehr unterschiedlich sein. Das liegt an der Entfernung der Nahrungsquelle und an der Futtermenge, die mitgebracht wird. COOMBS
zählte bei einem Paar 4 Fütterungen in 154 Minuten, bei Nachbarn in der gleichen
Zeit 8 Fütterungen. Die Abstände zwischen den einzelnen Fütterungen schwank-
ten zwischen 3 und 68 Minuten. Nach dem Füttern wird das Nest gesäubert.

Am Nestreinigen beteiligen sich Männchen und Weibchen. Die Kotballen werden dem Jungvogel entweder direkt vom After abgenommen, oder sie werden vom Nestrand gesammelt. Zuerst wird der Kot von den Eltern gefressen. Später dann werden die Ballen mit dem Schnabel getragen oder im Kehlsack verstaut und ein paar Meter vom Nest entfernt fallen gelassen.

Noch später spritzen die Nestlinge den Kot selbst über den Nestrand. Nach 10 oder 20 Tagen fliegt das Weibchen dann auch zum Futtersuchen. Oft allerdings bleibt es am Nest und hält Wache, oder es schützt die Jungen vor Regen und Sonne. Nach 28 bis 30 Tagen sind die Jungen flügge. Zunächst stehen sie nur am Nestrand. Bald darauf wagen sie sich dann auf die Äste.

Viele Jungkrähen sterben, ehe sie selbständig werden. Die Sterberate bei Nestlingen beträgt rund 65 %. Sie kann bis zum Ende des Sommers auf über 90 % ansteigen. Entsprechend fliegen aus den einzelnen Nestern durchschnittlich auch nur 0,8 – 2,2 Junge aus. Man kann davon ausgehen, daß bis zum Beginn der nächsten Brutsaison etwa 10 bis 20 % einjährige Krähen vorhanden sind.

In Schemmerberg war der Anteil der Jungvögel am Bestand der Gesamt-Kolonie unterschiedlich groß. 1978 betrug der Anteil der Jungtiere 38 %, 1979 betrug er nur 12 % und 1980 wieder 24 %. Ein Anteil von 12 % entspricht auch anderen Untersuchungen.

Wenn die Jungen selbständig werden

Wenn die jungen Saatkrähen flügge sind, ist es Mitte oder Ende Mai. Zuerst sind die jungen Saatkrähen unerfahren. Sie begleiten die Erwachsenen bei der Nahrungssuche, werden zu Anfang auch noch ganz von ihnen mit Futter versorgt. Nach einigen Tagen beginnen die Jungen selbständig Futter zu suchen. Bald schließen sie sich zu Jugendschwärmen zusammen. Einige erwachsene Saatkrähen begleiten diese Jugendschwärme. In Schemmerberg, berichtet GANZHORN, blieb die Brutkolonie (1978/79), auch nachdem die Jungen ausgeflogen waren, ein Sammelpunkt für die gesamte Kolonie. Oftmals ist es so, daß die jungen Schwärme nach einiger Zeit auch entferntere Gebiete aufsuchen und die Kolonie verlassen.

Was im Jungvogelschwarm geschieht

Junge Saatkrähen werden erst nach 2 Jahren fortpflanzungsreif. Gelegentlich soll es vorkommen, daß schon einjährige Tiere Nester bauen und bewachen, ohne allerdings Eier zu legen. Die meisten Jungvögel halten sich in den Jugendschwärmen auf. Einzeln, paarweise oder in kleinen Gruppen streunen sie durch die Nestkolonie und haben überall gleichsam Narrenfreiheit. Sie können sich auch brütenden Vögeln ungestört nähern. VOLKER DORKA (1973) nimmt an, daß die Jungvögel von den Alten an den schwarzen Gesichtern erkannt werden. Die Jungkrähen haben den gleichen Aktionsraum wie die Altvögel, kommen auch am Abend in die Kolonie und werden dort geduldet. Nach Sonnenuntergang suchen sie sich einen Schlafplatz getrennt von den Brutvögeln. Diese Jugendschlafplätze sind in der Nähe von Brutkolonien. Bei der Schemmerbergkolonie betrug der Abstand ungefähr 200 m.

In diesen Jugendverbänden findet auch die Paarbildung statt. Sie ist ein sehr kom-

Bild 22. Aktionsradius (großer Kreis) der Kolonie Schemmerberg.

plizierter und langandauernder Prozeß und ist typisch für Rabenvögel, die in Dauerehe leben.

Vom Vorteil großer Schwärme (Vom Vorteil sozialen Verhaltens)

Das Leben im Sozialverband bietet Vorteile. Viele Augen sehen einen Feind eher; während eine Krähe Nahrung sucht, kann eine andere wachsam sein. Auch lassen sich Feinde gemeinsam leichter vertreiben. Wo viele Tiere beisammen sind, können sie sich auch gegenseitig über besonders gute Futtervorkommen verständigen. Gerade da, wo Nahrung nicht überall gleichmäßig verteilt ist, sondern mal hier, mal da besonders viel auftritt, ist das wichtig. Ein einzelner Vogel könnte solch eine Nahrungsquelle allein gar nicht ausbeuten. Deshalb haben die morgendlichen Schwarmbildungen eine so große Bedeutung. Krähen, die zielstrebig auf eine Nahrungsquelle zufliegen, reißen andere unentschlossene mit.

Verhalten und Ausdruck

Verhaltensbeobachtungen

Krähen sind hochentwickelte Vögel. Entsprechend haben sie auch ein sehr differenziertes Verhalten. Das wird durch ihre sozialen Neigungen noch verstärkt. Tiere, die im Schwarm leben, brauchen eben mehr Möglichkeiten, sich auszudrücken und mitzuteilen als Einsiedler. So finden wir bei ihnen eine Fülle von Ausdrucksbewegungen und Gebärden. Eine Gebärde ist das Verbeugen und Schwanzspreizen. Dabei läßt die Saatkrähe die Flügel etwas hängen, öffnet sie ein wenig, hebt und spreizt den Schwanz, beugt sich vorwärts und ruft. Der Rücken wird durchgebogen, der Kopf mit dem geöffneten Schnabel ein wenig angehoben. Dieses Verhalten können wir sowohl bei der Begrüßung des Partners als auch in aggressiveren Situationen beobachten.

Bei der Unterlegenheitsgebärde duckt sich der Vogel. Er öffnet die Schwingen ein wenig und läßt sie hängen. Der Kopf ist ungefähr auf der gleichen Höhe wie der Rücken. Zuweilen allerdings schaut er auf, und der Schwanz ist ein wenig über die Horizontale gehoben. Der Schwanz zittert stark, und manchmal zittern auch die Schwingen ein wenig. Außerdem wird die Nickhaut bewegt. Wenn sich Weibchen in dieser Pose darbieten, ist das eine Aufforderung zur Paarung.

Dasselbe Verhalten kann auch Beschwichtigungsgebärde bei Männchen und Weibchen sein, wenn sich z. B. junge Krähen in der Nähe von kämpfenden Altvögeln aufhalten.

Bettelgebärden, bei denen die Vögel mit den Flügeln schlagen, Bettellaute wie Jungvögel von sich geben und dabei eine geduckte Haltung einnehmen, sind typisch für Weibchen kurz vor oder während der Brutperiode. Solche Weibchen betteln um Futter. Die Gebärde scheint auch etwas wie Abhängigkeit auszudrücken. Dabei scheint das Auslöseschema für das Füttern sehr grob zu sein – oder die Reizschwelle oft recht niedrig. Ein eingefangenes Saatkrähenweibchen hat sogar seine Pflegerin gefüttert, wenn sie ihren Mund öffnete und den Bettelruf nachahmte.

Bild 23. Flügelschlagen und Schwanzzucken sind häufig zu beobachten. Körper und Kopf werden dabei stillgehalten. Dieses Verhalten ist das ganze Jahr über zu beobachten, am häufigsten aber Ende Februar und im März. Aus COOMBS 1960

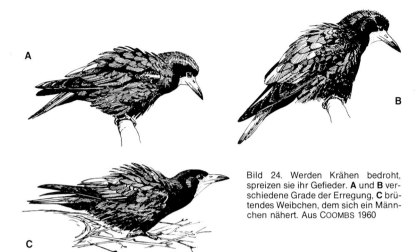

A

B

C

Bild 24. Werden Krähen bedroht, spreizen sie ihr Gefieder. **A** und **B** verschiedene Grade der Erregung, **C** brütendes Weibchen, dem sich ein Männchen nähert. Aus COOMBS 1960

Bei Balzflügen sind die Flügelschläge langsam und mehr betont als bei normalem Flug. Die Flügel werden stärker über die Horizontale gehoben, und das Schlagen kann mit kurzen Gleitflügen wechseln. Diese Balzflüge kann man vor allem in der Nähe der Kolonie sehen.

Verfolgungsflüge sind im Herbst, im Spätwinter und im Frühjahr häufig. Zwei oder meistens sogar mehrere Krähen fliegen auf einen Nestbaum. Dabei zeigen sie den Balzflug. Sie jagen sich, und manchmal überholt der Verfolger den vorn fliegenden Vogel. Jeder kann dabei den anderen verfolgen: das Männchen das Weibchen und das Weibchen das Männchen. Diese Flüge sieht man oft nach Streitereien. Vermutlich haben sie mit Paarbildung zu tun.

Gegenseitige Gefiederpflege, bei der vor allem der Kopf und der Hals des Partners gekrault werden, können wir vor allem im Spätsommer, im Herbst und im frühen Frühling beobachten.

Beliebt bei Saatkrähen ist es zu baden. Der Vogel steckt dabei den Schnabel ins Wasser, schwenkt ihn seitlich hin und her und bespritzt so sein Gefieder. Dann duckt er sich nieder. Dabei wird der gefächerte Schwanz untergetaucht. Danach

schlägt der Vogel mit beiden Flügeln das Wasser. Nach dem Baden schüttelt sich die Saatkrähe. Darauf wird das Gefieder gründlich geordnet, fast jede Feder durch den Schnabel gezogen und gleichzeitig gefettet.

Bild 25. Aggressiv gestimmte Saatkrähe beim Kampf um Futter. Aus COOMBS 1960

Beim Sich-Sonnen stehen oder sitzen die Saatkrähen mit ausgebreiteten Flügeln und gefächertem Schwanz. Dabei sträuben sie das Gefieder. Zuweilen strecken sie sich halb schräg auf einem Ast sitzend, spreizen die Steuerfedern und breiten die Flügel, halten den Kopf mit weit geöffnetem Schnabel und geschlossenen Augen der Sonne entgegen. Beim Schlafen sitzen Saatkrähen mit lockerem Gefieder. Manchmal stehen sie auch mit einem hochgezogenen Bein. Beim Aufwachen werden Flügel und Kopf seitlich gestreckt.

Verstecken ist ein Verhalten, das wir auch von anderen Krähenvögeln kennen. Bei Tannenhäher und Eichelhäher ist es besonders stark ausgeprägt. Tannenhäher füttern sogar ihre Jungen mit Arvennüssen, die sie im Herbst zuvor versteckt haben.

Bei den im Schwarm lebenden Saatkrähen hat das Verstecken viel weniger Nutzen, da sehr schnell eine andere neugierige Krähe das Versteck entdecken wird. Trotzdem ist diese Verhaltensweise ausgebildet. In der Literatur wird von einer Krähe berichtet, die beim Verstecken Erstaunliches leistete. Die Krähe versuchte, einen Brocken in ein selbstgegrabenes Erdloch zu drücken. Aber das Loch war zu schmal und zu kurz. Also vergrößerte es die Krähe. Dann drückte sie den Brocken wieder hinein und deckte ihn mit Erde und Pflanzenteilen wieder zu. Beachtlich

Bild 26. Die Saatkrähen haben sich das Eis aufgeschlagen, um trinken zu können. Aufnahme H. Dannenmayer

49

dabei war, wie die Krähe dabei vorging, wie sie offenbar planmäßig mit dem Schnabel ein Loch grub, um darin Nahrungsbrocken zu verstecken.

Ich beobachtete einmal, wie eine Saatkrähe einen Meisenknödel herbeiangelte. Der Knödel hing von einer Pergola an einem Faden herunter. Eine Saatkrähe setzte sich auf den Balken, zog mit dem Schnabel den Faden ein Stück hoch, hielt ihn dann mit dem Fuß fest, faßte mit dem Schnabel nach. Beim dritten und vierten Male hatte sie den Knödel oben und hackte auf ihn ein. Allerdings hatte sie nur kurze Freude daran, denn bald hatten andere Krähen bemerkt, welch guten Fang sie gemacht hatte. Sie flogen auf die Krähe zu, wollten auch mithacken, und dabei fiel der Knödel wieder runter. Aber auch ein zweites und drittes Mal gelang es der Saatkrähe, den Knödel wieder heraufzuziehen.

Spielende Krähen

Manchmal habe ich mich gefragt, warum gerade hochentwickelte Tiere, seien das nun Katzen, Wölfe oder Delphine, Raben oder Pagageien, uns Menschen so besonders anziehen.

Wahrscheinlich, weil wir bei ihnen schon vieles finden, was uns menschlich anmutet, Verhaltensweisen, die uns vertraut sind. Was mich immer verblüfft, ist, daß auch erwachsene Tiere spielen. Für spielende Junge finden wir leicht Erklärungen. Sie müssen sich üben, spielerisch ernsthafte Handlungen erlernen. Aber warum spielen alte Tiere? Eine Notwendigkeit zum Spiel besteht doch nicht.

Eine Saatkrähe, die ich aufgezogen habe, war bis ins hohe Alter verspielt. Wenn mir z. B. ein Geldstück hinfiel, schnappte es es weg, ließ es dann wieder fallen und trug es wieder fort, sobald ich mich näherte.

Zuweilen haben Saatkrähen eine Freude daran, andere zu necken, seien es Tiere oder ihre Pfleger. Ich erinnere mich an einen Fuchs, der über einen Acker trottete, 15 bis 20 Krähen umflogen ihn, ließen sich vor ihm nieder, krakeelten dabei, flogen wieder auf, narrten ihn so lange, bis er sich davontrollte.

Krähen tun auch Dinge, an denen sie einfach Spaß haben. Eine zahme Saatkrähe z. B. steckte Ameisen = (Emsen) in ihr Gefieder und verdrehte dabei genüßlich die Augen. Dieses „Einemsen" wird auch von vielen anderen Vogelarten beschrieben.

Krähenlaute – Lärm oder Gesang?

Krähen sind sehr lautfreudig. Ich habe Mühe, aus dem Gewirr der vielen Stimmen an einem Schlafplatz oder an einem Sammelplatz die einzelnen Lautäußerungen herauszuhören. Trotzdem, dieses Gewirr besteht aus einzelnen Lauten mit ganz bestimmter Bedeutung. Auch da, wo viele Menschen mit wohlgewählten Worten miteinander sprechen, haben wir ja den Eindruck eines Stimmenschwalls, der völlig ungegliedert erscheint.

Wie bei anderen Singvögeln, müssen wir auch bei der Saatkrähe zwischen Gesang und anderen Signalen unterscheiden.

Saatkrähen singen vor allem im Frühjahr und im Herbst. Meistens beugt sich der Vogel dabei und spreizt den Schwanz (siehe Verbeugen und Schwanzspreizen). Die Singwarte ist gewöhnlich ein hervorragender Platz, zum Beispiel ein Telegrafenmast. Im Gegensatz zu vielen anderen Singvögeln, wie etwa der Amsel, scheint der Gesang der Saatkrähe keine territoriale Bedeutung zu haben. Der Gesang besteht aus einer Reihe von Rufen im Stakkato, einigen schrillen und einigen gutturalen Lauten.

Der häufigste Krähenlaut ist das „Kah" oder „Kraah". Es heißt, dieser Ruf sei bei der Saatkrähe weniger heiser als bei der Rabenkrähe. Manchmal aber habe ich doch den Eindruck, als wäre er rauher. Dieses „Kraah" hört man in den verschiedensten Situationen. Es kann sexuelle oder soziale Tönung haben. Man hört es beim Verbeugen und Schwanzspreizen, wenn Partner sich begrüßen.

Alarmrufe sind davon nicht sehr verschieden. Aber sie sind lauter, kraftvoller und auch ein wenig rauher. Ein sehr hohes „Kraah", das auch von Verbeugen und Schwanzspreizen begleitet sein kann, ist überwiegend aggressiv getönt, bedeutet so etwas wie Alarm. Saatkrähen lassen den Ruf oft hören, bevor sie die Kolonie nach Störungen verlassen, z. B. wenn ein Mensch unter den Brutbäumen vorbeigeht.

Ein ähnlich hoher Laut, der wie „Kruu" oder „Kju" tönt, wird vom Weibchen geäußert, wenn es von anderen Krähen beim Brüten oder Hudern gestört wird.

Der Bettelruf ist ziemlich ähnlich wie das gewöhnliche „Kraah", doch klingt es kläglich, quengelnd, ähnlich, wie wir es vom Eichelhäher kennen. Weibchen und Junge, die nach Futter betteln, äußern diesen Laut, aber durchaus auch Männchen.

Früher hatte ich Krähenlaute immer mit harschen, heiseren Stimmen verbunden. Eigentlich erst im letzten Jahr habe ich erfahren, wie sanft, weich sich Krähen äußern können. Fast einen Monat lang habe ich nämlich unter einem Vorsammelplatz der Krähen geschlafen. Nicht in einem Zelt, sondern in einem Zimmer, aber hören konnte ich sie gleichwohl. Seitdem wundert es mich auch nicht mehr, daß Krähen „sprechen" können, menschliche Laute nachahmen. Eine unserer Saatkrähen in der Vogelschutzwarte z. B. ruft jeden Morgen, wenn ich an der Voliere vorbeikomme, „komm

Bild 28. Singende Saatkrähe. Aus COOMBS 1960

her, komm her", ganz zart wie die Winterkrähe über meinem Schlafzimmer, mit menschlich tönender weicher Stimme.

Saatkrähen auf der Reise

Oft schon habe ich mich dagegen gewehrt, Natur und Tiere nur über Medien zu erleben. Trotzdem haben mir die Medien ein eindrucksvolles Erlebnis vermittelt. Vor Jahren nämlich habe ich Vogelzug am Radarschirm beobachtet. Dabei konnte ich Zugverhalten in einem Gebiet von mehr als 100 km im Durchmesser erfassen. Ich konnte sehen, wie morgens zwischen 6 und 7 Uhr auf dem Radarschirm leuchtende Punkte auftauchten, die sich von Nordosten nach Südwesten bewegten. All das waren Abbildungen von Vogelschwärmen. Der Einzelvogel ist zu klein. Der wird vom Radar nicht erfaßt. Aber sobald mehrere Vögel beieinander fliegen, geben sie ein „Echo".

Immer mehr wurden es dann, und schließlich bewegte sich ein dichter Strom leuchtender Punkte über den Bildschirm. Darauf war eine Zugrichtung zu erkennen, und mit Hilfe einer Stoppuhr konnte ich auch die Fluggeschwindigkeit der Vogelschwärme ausrechnen. Gewöhnlich aber nahm die Zahl der Leuchtpunkte schon nach einer Stunde ab. Die ersten Vögel fielen in den Rastplätzen ein. Besonders gut kann ich mich an den Krähenzug erinnern. Die Krähen gingen nämlich

Bild 29. Zugverhalten von Saatkrähen. Angegeben sind der Anteil ziehender Vögel sowie die mittlere Zugdistanz. Nach BUSSE 1969

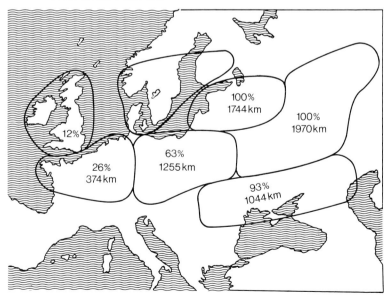

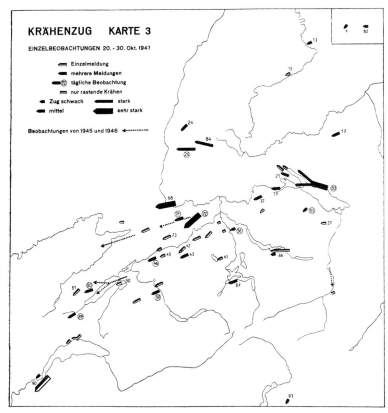

Bild 30. Zugrichtungen von Saatkrähenschwärmen zwischen Bodensee und Genfer See. Saatkrähen ziehen in breiter Front. Oft jedoch schmiegen sich die Hauptzugwege auffälligen Geländeformen an. Die „geleitete Breitfront" der Saatkrähen im Herbst folgt hier dem Jura. Der Karte liegen Planbeobachtungen aus dem Jahre 1947 zugrunde. Die Zahlen geben verschiedene Plan-Beobachter an. Aus SUTTER 1948

nicht sogleich zum Rasten. Ein schier unübersehbarer Zug flog kettenartig, erstreckte sich über den Bildschirm. Eindrucksvoll war es zu sehen, wie die Gebirgszüge den Zug leiteten, wie die Schwärme daran vorbeistürmten, vom Bodensee entlang dem Jura. Dann wählten sie den Weg durch die Burgundische Pforte nach Frankreich.

Saatkrähen ziehen entweder in geschlossener Formation und dann in recht großer Höhe, wie ich es am Radar beobachtet hatte. Wenn sie niedrig fliegen, unter 300 m Höhe, dann halten sie sich in lockeren Verbänden. Sie fliegen nicht auf eng umschriebenen Straßen. Das Zuggebiet, über das die Vögel einer größeren Population wandern, hat ungefähr dieselbe Breite wie das Brutgebiet. Werden die

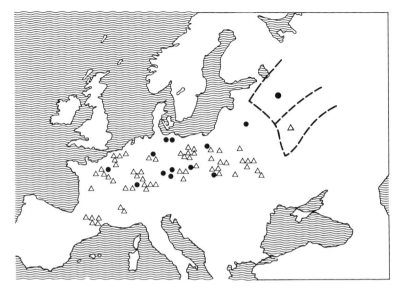

Bild 31. Wiederfunde beringter Saatkrähen aus der Russischen Ebene (● und △) in ihrem westlichen Überwinterungsgebiet. Nach BUSSE 1969

Krähenzüge durch Gebirge zusammengedrängt, so spricht man von einer „geleiteten Breitfront".

Oktober, November und Mitte März bis April sind die Monate des Krähenzugs. Im süddeutschen Raum allerdings beginnt der Krähenzug schon im Februar. Im Dezember und Januar sind die Krähen in ihren Überwinterungsgebieten, z.B. in Süddeutschland.

Wenn in diesen Bereichen plötzlich viel Schnee fällt und starke Kälte auftritt, wandern sie weiter südwärts.

Nicht alle Krähen ziehen gleich viel und gleich weit. Englische Krähen z.B. sind überwiegend Standvögel. Wenige ziehen überhaupt weg. Je weiter wir nach Osten kommen, desto höher ist der Anteil der Zugkrähen. In Rußland schließlich gibt es im Winter überhaupt keine Saatkrähen. Die in Süddeutschland überwinternden Krähen kommen aus der russischen Tiefebene. Im Jahr 1928 wurden einmal von der „Biologischen Station junger Naturforscher in Moskau" bei Puschkino, einem Ort 40 km von Moskau entfernt, junge Saatkrähen beringt. 5 davon wurden im darauffolgenden Winter bei Kassel wiedergefunden, eine andere bei Colmar im Elsaß. Eine davon wurde im Kreis Bautzen in der jetzigen DDR gefunden und drei im Dezember / Januar im heutigen Polen. Noch weiter war eine Saatkrähe geflogen, die am 7.6.1927 im Dorf Nowoymitrowo (Bezirk Dwer) beringt wurde. Sie wurde am 25.11. bei Brest an der französischen Westküste nachgewiesen. Die Entfernung vom Beringungsort beträgt immerhin 2755 km.

Verglichen damit sind die Zugleistungen französischer Saatkrähen sehr bescheiden. Die größte Entfernung von Brutplatz zu Überwinterungsplatz betrug bei ihnen 210 km.

Offenbar kommen gelegentlich auch westsibirische Krähen bis in mitteleuropäische Bereiche. Bei Brünn z. B. wurde am 13. 2. 1931 eine Saatkrähe beringt, die im Wolgagebiet wiedergefunden wurde. Viele unserer Winterkrähen kommen auch aus Nord-Osteuropa. Über die Kurische Nehrung zogen alljährlich viele Tausend Krähen, Saat- und Nebelkrähen.

Die Altvögel sind es, die den Frühjahrszug einleiten. Sie drängt es zurück zu den Brutplätzen. Allmählich verschiebt sich das Verhältnis der durchziehenden Alt- und Jungvögel, so daß im späten März und im frühen April nur noch Jungvögel auf der Reise sind. Überraschend ist, daß die ziehenden Saatkrähen selbst im Winter offenbar recht große Futterreserven haben. Die Jungvögel allerdings sind meist geringer im Gewicht. Vielleicht hängt auch damit die höhere Sterblichkeit der Jungvögel zusammen. Ein englischer Zoologe meint, daß die soziale Hierarchie, bei der die Jungvögel benachteiligt werden, und die Kämpfe um Nahrung bewirken, daß die meisten Tiere der Population sehr gut ernährt bleiben, während einige wenige schnell sterben.

Wo die Krähen schlafen

Eindrucksvoll ist es, Saatkrähen im Winter zu beobachten, wenn sie zu den Schlafplätzen aufbrechen. An einem Schlafplatz können nämlich 10000, ja manchmal bis zu 30000 oder mehr Krähen übernachten. Zuerst fliegen die Krähen zu einem Vor-

Bild 32. Wenn Krähen zum Schlafplatz fliegen, ist es schon fast dunkel. Aufnahme M. VEH

sammelplatz. Dort machen sie sich dann in Flügen zu 500 oder 1000 Vögeln zu den Hauptsammelplätzen auf. Aus allen Richtungen kommen sie herangeflogen, immer neue Schwärme. Einer allein könnte sie unmöglich zählen, solche Schwärme lassen sich nur schätzen. Auf den Sammelplätzen ist ein Krächzen, Auffliegen, Landen, und immer wieder kommen neue Trupps. Irgendwo hoch am Himmel erscheint ein geschlossener Schwarm, und auf einmal stürzen sich einzelne Vögel herab, trudeln herunter. Erst wenn es wirklich Nacht geworden ist, fliegt die ganze Schar der versammelten Krähen weiter. Wie auf ein Zeichen erheben sich in die Luft, und es schwirrt vor lauter Flügelschlag. Dann fliegen sie zum Schlafplatz. Lange noch sind ihre rauhen Stimmen zu hören.

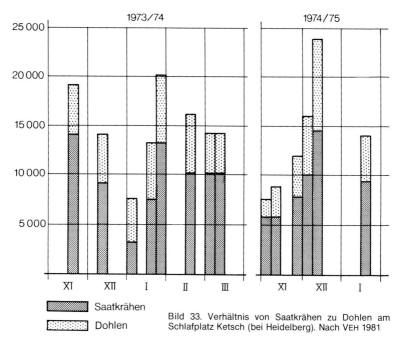

Bild 33. Verhältnis von Saatkrähen zu Dohlen am Schlafplatz Ketsch (bei Heidelberg). Nach VEH 1981

Viele Menschen ahnen gar nicht, was sie in ihrer unmittelbaren Umgebung erleben können.

Andere meinen, wo so viele Krähen beieinander sind, müßten sie doch überhandnehmen. Manche Übernachtungsplätze liegen unmittelbar in der Nähe von Städten, wie Mannheim z. B., oder auch bei Dörfern.

Schlafgemeinschaften bestehen nicht nur aus Saatkrähen. Auch Dohlen, Rabenkrähen oder gelegentlich östliche Nebelkrähen kann man in den Schwärmen beobachten. In Nordbaden wurden in den Jahren 1973/74 und 1974/75 sogar bis zu einem Drittel Dohlen gezählt.

Über Tag treiben sich Saatkrähen zum Teil mit ihren Schwarmgästen auf Äckern

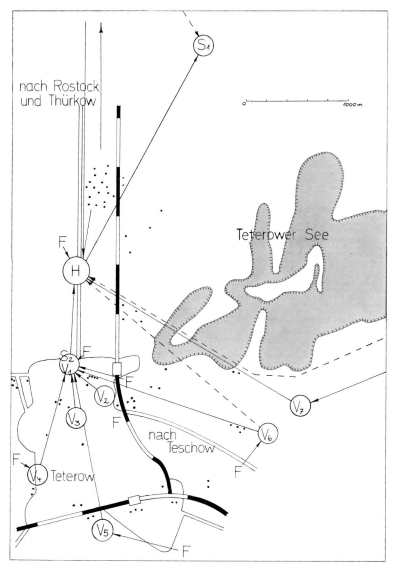

Bild 34. Vorsammelplätze (*V*), Hauptsammelplätze (*H*) und Schlafplätze (*S*) von Berliner Saatkrähen. Auf dem Schlafplatz S 1 nächtigten 8000–10 000 Saatkrähen, der Vorsammelplatz V 1
wurde zumindest gelegentlich von rund 100 Saatkrähen als Schlafplatz benutzt (*F*-Futterplatz).
Zeichnung RIES nach ROTHGÄNGER

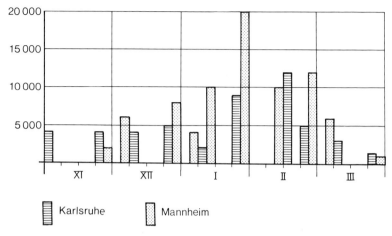

Bild 35. Schätzungen der Krähenbestände an den Schlafplätzen bei Mannheim und Karlsruhe im Winter 1978/79. Nach VEH 1981

und Wiesen herum und suchen nach Nahrung. Solche Schwärme bestehen aus 50–500 Tieren. Meistens sind es so 200–300 Saatkrähen. Nur an Orten mit einem besonders hohen Nahrungsbedarf, z. B. an Mülldeponien, kann man, vor allem bei Frost- und Schneeperioden, manchmal 3000 oder 4000 Saatkrähen sehen. Doch auch dort sind sie gewöhnlich weniger, 500 vielleicht oder 1500.

Schon am frühen Nachmittag hören die Winterkrähen mit der emsigen Nahrungssuche auf. Allmählich trödeln sie zu den Vorsammelplätzen. ROTHGÄNGER beobachtete in der Berliner Gegend (Bild 34) Sammelplätze, an denen sich die Krähen nur auf Bäumen einfanden. Ehe sie dann zu den Hauptsammelplätzen fliegen, ist es schon recht dunkel. Aus der Berliner Gegend gibt ROTHGÄNGER eine Zahl für die Zusammensetzung eines Schwarms am Hauptsammelplatz an. Er zählte 4000 Saatkrähen, 2000 Dohlen und 300 Nebelkrähen. An den Hauptsammelplätzen suchen die Krähen nicht mehr nach Nahrung.

An dunklen Tagen fliegen die Krähen besonders früh zu den Sammelplätzen. Of-

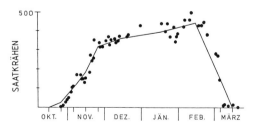

Bild 36. Überwinternde Saatkrähen an einem Schlafplatz in Wien (1974/75). Im Gegensatz zu Süddeutschland ist hier von November bis März ein starker Besatz festzustellen. (Die Zahlen sind nicht unmittelbar vergleichbar, da es sich um verschiedene Jahre handelt. Beide Schlafplätze liegen in Stadtnähe.) Aus GRÜLL 1981

58

fenbar bestimmt die Helligkeit, wann die Krähen müde werden. Überwinternde Krähen beginnen bei 135 Lux mit ihren Schlafplatzflügen. GANZHORN konnte so etwas während der Brutperiode auch im Rißtal beobachten. An einem Tag, als nach strahlendem Sonnenschein Wolken die Sonne verdeckten und Dämmerung vortäuschten, flogen die Krähen, die sich weit verstreut auf den Feldern aufhielten, fast gleichzeitig zur Kolonie zurück. Dort kreisten sie kurz, flogen eine Schleife. Die Krähen in der Kolonie schlossen sich den kreisenden Tieren an, dann ließen sie sich auf den Feldern nieder. Die ganze Kolonie war dort versammelt. Die Nester waren unbewacht. Das war erstaunlich. Sonst ist immer ein Vogel am Nest, um Plünderungen durch Artgenossen abzuwehren.

Wenn man sich die Zahl der Krähen ansieht, die im Laufe des Winters zu den Schlafplätzen kommen, erkennt man, daß die meisten Krähen im Dezember und Januar bei uns sind. Vom Februar an beginnt schon der Abzug. Man sieht auch, daß die Schlafplätze nicht in allen Jahren gleich stark beflogen werden. Warum mal dieser und mal jener Platz bevorzugt wird, vermögen wir nicht zu sagen. Störungen jedenfalls sind nicht der entscheidende Grund.

Hoher Schnee vertreibt die Krähen

Die Zahl der Saatkrähen an den Überwinterungsplätzen ist nicht in allen Wintermonaten gleich. Wenn in nördlichen Bereichen Schnee und Kälte herrschen, dann bekommen die süddeutschen Saatkrähen Zuzug. An der Vogelschutzwarte haben wir darüber Daten gesammelt. Wir hatten festgestellt, daß bei der Pforzheimer Mülldeponie und auf den angrenzenden Äckern bei Neuschnee eine große Menge Saatkrähen eintraf. Unsere Arbeitsgruppe hat versucht, diese Krähen zu fangen und zu markieren, mit Ringen und mit Farbe. Gefangen haben wir fast nur junge Krähen. Die alten waren zu gewitzt. Sie wollten nicht in die Reusen hinein. Die gezeichneten Jungkrähen haben sich dann wochenlang an der Deponie und auf den Feldern aufgehalten.

Gelegentlich weichen unsere Winterkrähen noch weiter in den Süden aus. Als im Januar 1985 in Karlsruhe plötzlich 40 cm Neuschnee fiel und die Temperatur auf −20 °C absank, war der Schlafplatz, auf dem über 10 000 Saatkrähen zu Hause waren, plötzlich fast vollkommen verlassen.

Die Nahrungsexkursionen der Saatkrähen

Wer die Saatkrähen den Tag über verfolgt und wer gar Vögel mit roten Farbtupfern versieht, wie wir es getan haben, der erfährt allmählich auch, welche Tagesrouten sie zurücklegen, wie weit sie sich von den Schlafplätzen entfernen. ANNEMARIE SCHRAMM (1974) hat einen guten Weg gefunden, um nachzuweisen, wie weit die nahrungssuchenden Krähen fliegen.

Sie hatte festgestellt, daß in den Gewöllen, die sie an Schlafplätzen gefunden hatte, immer viele Gummistücke waren, Gummis in allen Farben. Sie fragte sich, wie es denn wäre, wenn man den Krähen Gummistücke als Nahrung anböte. Also schnippelte sie Gummistücke verschiedener Form, schrieb darauf zusätzlich mit Tintenkuli Zahlen und Daten, buk diese Gummistückchen in Brotteig. Dann ging sie mit den präparierten Gummistückchen hinaus, legte sie an diesem und jenem

Ort aus, an dem die Krähen täglich zum Fressen kamen. Sie hatte Erfolg. Als sie die Krähengewölle aufsammelte, fand sie ihre ausgelegten Gummis wieder. In einem Speiballen fand sie bis zu 20 Gummiteile. Durch diese Rückmeldung konnte sie dann sehen, wohin und wie weit die Krähen geflogen waren. Die größte nachgewiesene Entfernung betrug 24,6 km. Als größter Durchmesser des Nahrungsraums wurden 45,6 km nachgewiesen. Das würde bedeuten: Sind um den Schlafplatz herum kreisförmig gute Nahrungsräume vorhanden, werden sie auch ausgenutzt. Ornithologen haben versucht, die nordbadischen Krähenschlafplätze zu erfassen. Zieht man um diese Schlafplätze Kreise mit dem Aktionsradius der Saatkrähen, dann sieht man, wie die ganze Landschaft nahezu flächendeckend von Krähen genutzt werden kann. Ausgenommen sind höher gelegene Gebiete und bewaldete Bereiche.

Die Schlafplätze liegen überwiegend in niedrigen Bereichen. In Baden-Württemberg befinden sich die größten Schlafplätze in der Rheinebene in Karlsruhe, bei Mannheim. Von 14 südbadischen Schlafplätzen lag nur einer über 250 m hoch. Manchmal, vor allem im Norden Mitteleuropas, können Schlaf- und Brutplatz gleich sein.

Bild 37. Die Lage dreier Krähenschlafplätze (Hannover, Mecklenheide, Gehrden) und die Auswerf-Orte der Gummis mit den Flugstrecken, die als Verbindung vom Nahrungsraum zum Schlafplatz nachgewiesen werden konnten. Aus SCHRAMM 1974

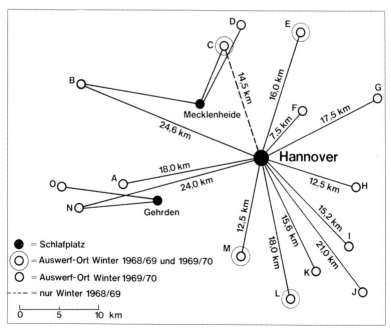

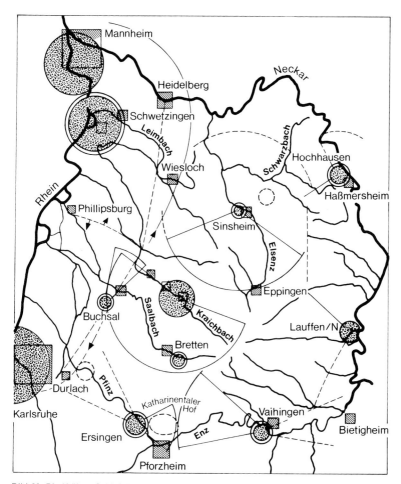

Bild 38. Die Krähen-Schlafplätze in Nordbaden und ihre Einzugsgebiete. Zieht man um die Schlafplätze Kreise, die etwa den Tagesflugstrecken der Saatkrähen entsprechen, sieht man, daß fast ganz Nordbaden abgedeckt ist. Im allgemeinen werden Hochflächen weniger beflogen, geschlossene Wälder gemieden. Die Schlafplätze befinden sich bevorzugt in Tälern. Nach VEH 1981

Was wir für Saatkrähen tun können

Vielen Menschen ist es auf den ersten Blick sicher nicht klar, was sie zum Schutz der Saatkrähen beitragen können. Den Saatkrähen können wir keine Nisthilfen anbieten. Es ist wohl auch nicht vernünftig, Saatkrähen über längere Zeit zu füttern, um sie vom Acker fernzuhalten. Wichtige Aufgaben für den Vogelschützer ergeben sich bei der Feldbeobachtung. Nur wenn wir wissen, wo sich Kolonien ansiedeln oder wohin sie umgesiedelt sind, können wir versuchen, eine Kolonie zu schonen. Für die Naturschutzbehörden andererseits ist es wichtig zu wissen, wie oder ob sich Saatkrähenbestände vermehren.

Manche Beobachtungsaufgaben sind von Gruppen besser zu lösen als von einzelnen. Einmal kann eine Gruppe mehr Daten zusammentragen. Wer die Anzahl der Saatkrähen an Schlafplätzen feststellen will, muß sie schon beim Anflug zu den Hauptsammelplätzen zählen. Wenn die Krähen zum Schlafplatz fliegen, ist es nämlich schon dunkel. Ein einzelner schafft es nicht, Krähentrupps zu zählen, die aus allen Himmelsrichtungen anfliegen.

Wir können Saatkrähen aber auch auf völlig andere Weise helfen, wenn wir andere Menschen mit den Saatkrähen vertraut machen. Wir können Vorträge über die Biologie der Saatkrähe halten oder Zeitungsartikel über sie schreiben. Eindrucksvoller ist es, wenn wir andere Menschen zu den Saatkrähen führen. Das ist im Winter besonders leicht bei Abendexkursionen in die Nähe von Krähenschlaf- und -Sammelplätzen. Im Sommer können wir Exkursionen zu den Brutkolonien unternehmen. Mit Fernrohren oder Ferngläsern können wir in die Nester schauen, ohne zu stören. Um den Bauern zu zeigen, daß Naturschutz und Landwirtschaft die Probleme nur gemeinsam lösen können, helfen wir ihnen, Saatkrähen von gefährdeten Äckern zu vertreiben. Das sind im Winter besonders Getreide- und im Frühjahr Maisäcker.

Wie sich Saatkrähenschäden vermindern lassen

Erfolgversprechende Maßnahmen, Saatkrähen zu vertreiben, müssen leicht durchführbar und billig sein. Sonst werden sie nicht angewendet. Die wichtigsten Maßnahmen bestehen darin, Saatkrähenversammlungen möglichst klein zu halten. Für Winterkrähen sind besonders Mülldeponien Anziehungspunkte. In der Nähe der Deponien treten vermehrt Schäden auf. Eine wichtige Maßnahme ist, die Deponien schnell abzudecken. Ferner sollten Deponien in intensiv bewirtschafteten Bereichen nicht neu angelegt werden. Die Erfahrung zeigt, daß Deponien, die von Wald umgeben sind, nahezu ohne Krähen sind. Die Krähen halten sich als Steppenvögel bei der Nahrungssuche nicht gerne in der Nähe von Hindernissen auf.

Diese Feststellung kann man sich auch da zunutze machen, wo Krähen brüten. Wenn Hecken angelegt werden, können auf diese Weise Bereiche geschaffen werden, die von Krähen gemieden werden.

Bild 39. Manchmal werden tote Krähen zur Abschreckung auf Äckern aufgehängt. Die Wirkung ist nur kurzfristig, und außerdem erzielt man mit schwarzen Lappen den gleichen Effekt. Aufnahme K. RUGE

Allerdings ist dieses Heckenpflanzen in Wiesengebieten auch nicht ganz unproblematisch. Brachvögel meiden Heckenlandschaften genauso wie Saatkrähen. Man müßte also versuchen, vor Ort eine Lösung zu finden, die zwar den landwirtschaftlichen Kulturen Schutz bietet, die aber Brachvögeln genügend weite, offene Wiesenbereiche freiläßt.

Bei den weiteren Maßnahmen zur Vermeidung von Schäden müssen wir zwischen den Winterkrähen, die ja viel weniger stationär sind, und den Brutkrähen unterscheiden.

Abwehrmaßnahmen bei Winterkrähen

Die Abwehr der Winterkrähen ist etwas leichter als die Abwehr der Brutkrähen. Die Bindung an Fraßplätze ist eben weniger stark als die Bindung an Brutnester.

Bei der pyroakustischen Vertreibung werden Knallschreckpatronen eingesetzt, ähnlich wie bei den Starenvertreibungen im Rebbau. Vorteilhaft ist es, wenn beispielsweise der pflügende Bauer jeweils eine Knallschreckpistole bei sich hat, um die Krähen von der benachbarten Saat zu vertreiben. Wichtig dabei ist, daß nicht unnütz geknallt wird, damit keine Gewöhnung eintritt. Die Vertreibung sollte gerade so oft vorgenommen werden, daß die Krähen verschwinden. „Deponielose" Krähen lassen sich leichter vertreiben als „Deponiekrähen". Dieses Vertreiben mit

Bild 40. Müllplätze haben für Krähenvögel eine magnetische Anziehungskraft. Aufnahme H. DANNENMAYER

pyroakustischen Methoden ist sicher am wirkungsvollsten. Knallschreckgeräte, die immer vom gleichen Ort aus knallen, bringen keinen Erfolg. Krähen sind viel zu intelligent, als daß sie sich nicht sehr schnell an den regelmäßigen Knall solcher Geräte gewöhnten. Sie erkennen bald, ob eine Gefahr vorhanden ist oder nicht. Früher haben Landwirte hin und wieder Krähen abgeschossen und die toten Vögel auf dem Acker aufgehängt. Versuche haben ergeben, daß es gar nicht nötig ist, Krähen zu schießen, sondern daß es auch reicht, schwarze Lappen aufzuhängen. Es sollte aber nur auf den besonders akut gefährdeten Flächen geschehen. Der Erfolg ist weniger sicher als bei der pyroakustischen Methode. Eine weitere optische Abwehrmaßnahme wird aus Schottland beschrieben (FEARE 1974). Dabei werden mit Wasserstoff oder Helium gefüllte Luftballons von etwa einem Meter Durchmesser an einer 30 m langen Leine, die an einem Pflock befestigt ist, über den Feldern hochgelassen. Wenn es in der Umgebung andere Nahrungsmöglichkeiten gab, hielt ein Luftballon auf 3,6 ha dreizehn Tage alle Saatkrähen von einem vorher stark besuchten Feld zurück. Bei Nahrungsmangel allerdings war die Methode nicht mehr so überzeugend.

Weder Ultraschallgeräte noch Beschallung mit Angstschreien hatten solchen Erfolg, daß sie für die Praxis zu empfehlen wären. Grundsätzlich ist bei allen optischen und physikalischen Vertreibungsmaßnahmen mit einem Gewöhnungseffekt zu rechnen. Das bedeutet für die Praxis: Die Vertreibungen dürfen immer erst dann einsetzen, wenn wirklich Schäden eintreten oder zu befürchten sind. Ein Ab-

64

schuß einzelner Saatkrähen ist zumindest so lange abzuweisen, als nicht nachgewiesen ist, daß dadurch ein höherer Erfolg der Vertreibung erzielt würde.

Wie wir Brutkrähen von den Äckern fernhalten

Einen guten Schutz von Getreide und Mais erreicht man, wenn das Saatgut, bevor es in den Boden gebracht wird, mit Mesurol oder anderen Vergällungsmitteln behandelt wird. Solches Getreide mögen die Krähen weniger gern. Zunächst versuchen sie auszuweichen. Dadurch wird der Schaden zwar nicht verhindert, aber verringert, vor allem weiter gestreut. Wenn große Flächen vergällt wurden, fangen die Krähen trotzdem zu fressen an, allerdings selten so intensiv wie auf unbehandelten Flächen. Besonders in kühlen Jahren, wenn zu wenig tierische Nahrung vorhanden ist, können trotz Vergällung Schäden auftreten.
Eine andere Möglichkeit ist die Ablenkungsfütterung. Die Fütterungen sollten aber abseits der gefährdeten Felder durchgeführt werden, und das angebotene Futter muß qualitativ und quantitativ das Nahrungsangebot auf den Feldern übertreffen. Die beste Möglichkeit ist, Ablenkungsflächen in Form gemähter Wiesen zu schaffen. Wenn die Wiesen noch nicht hoch genug sind, um Silofutter zu mähen, muß erwogen werden, die Mahd vorzuziehen.
Bei den Brutkrähen haben pyroakustische Methoden keinen Erfolg. Das mag daran liegen, daß die Schwärme dieser Brutkrähen die ganze Zeit aus denselben Vögeln bestehen, die sehr bald durchschauen, daß ihnen die Knallpatronen nicht wirklich schaden. Bei den überwinternden Krähen kennen immer wieder einige Tiere die Methode nicht und reißen die restlichen Schwarmglieder bei ihrer Flucht mit.
Werden Angstschreie der Saatkrähen vom Tonband abgespielt, fliegen die Vögel zunächst auf die Schallquelle zu, kreisen hier einige Minuten und zerstreuen sich dann.

Weitere Maßnahmen zum Schutze der Saat

Werden Saaten in Krähengebieten nicht mit Vergällungsmitteln (sogenannte Repellents: Mesurol, Morkit, Cornix) behandelt, sollte das Saatgut tief eingesät werden. Um die Krähen irrezuführen, werden quer zur Drillspur Eggenstriche gezogen.
Die Aussaat sollte nicht unmittelbar nach dem Pflügen, sondern ein bis zwei Tage später erfolgen. Pflügen nämlich lockt die Krähen an. Besonders wertvolle Saaten lassen sich durch Fäden – 25 cm hoch, 2 m Abstand –, durch Flatterbänder, durch mit Draht bespannte Lattenrahmen oder Auflegen von Reisig schützen.
Wintergetreide muß möglichst früh ausgesät werden, damit es beim Eintreffen der Zugkrähen das Vierblattstadium erreicht hat und nicht mehr gefressen wird.
In unmittelbarer Nähe der Brutkolonien sollte kein Mais angebaut werden. Er wird von Krähen bevorzugt gefressen.
Vorteilhaft dagegen ist es, dort den Anteil der weniger begehrten Gerste zu erhöhen.
Rückstände von Kürbissen und Zuckerrüben locken Krähen an. Das kann der Wintersaat schaden.

Wiesenland erhalten

Wenn wir Wiesen erhalten, dann können die Saatkrähen einen großen Teil ihrer wichtigen Nahrung dort holen. Wo es keine Wiesen mehr gibt, zwingen wir sie, auf Äckern Futter zu suchen. Doch unser Ziel sollte es ja sein, eine vielgestaltige und damit auch ökologisch stabile Landschaft zu erhalten. Eine Landschaft also, die nicht durch reine Ackerflur geprägt ist, sondern die aufgelockert ist durch Wiesen, Gebüsche, auch durch Ödlandstreifen. Wenn wir Artenschutz wirklich ernst nehmen, wenn wir Saatkrähen retten wollen, Weißstorch, Brachvogel und Bekassine, aber auch Braunkehlchen und Wiesenralle, dann müssen wir für all diese Tiere Lebensräume erhalten. Wir sollten auch die Gefahren nicht übersehen, die dann entstehen, wenn wir sämtliche Böden ihrer schützenden Vegetation berauben. Der Bodenverlust auf solchen Flächen ist nämlich beängstigend. Unser Ziel muß eine ausgewogene, reichgegliederte Landschaft sein, die trotzdem moderne Landwirtschaft zuläßt. Eine solche Landschaft aber läßt sich nicht am Reißbrett entwerfen. Es läßt sich auch kein Schema für alle Fälle schaffen. Dieses Ziel erfordert, daß wir uns immer erneut in Landschaft hineindenken und versuchen, mit der Landschaft und aus der Landschaft heraus zu planen.

Die Rabenvögel Mitteleuropas

Im folgenden Kapitel werden alle Rabenvögel Mitteleuropas in Stichworten vorgestellt. Nur die Rabenkrähe wird ausführlich behandelt. Sie wird oft mit der Saatkrähe verwechselt, ist in den Winterschwärmen mit ihr vergesellschaftet und kommt überall im Lande vor.
Systematische Übersicht der europäischen Rabenvögel.

Familie: *Corvidae*	Rabenvögel
Gattung: *Pica*	Elstern
Pica pica	Elster
Gattung: *Cyanopica*	
Cyanopica cyanus	Blauelster
Gattung: *Corvus*	Raben
Corvus frugilegus	Saatkrähe
Corvus corax	Kolkrabe
Corvus corone	Rabenkrähe
Corvus monedula	Dohle (nach WOLTERS 1975 eigene Gattung *Coleus*)
Gattung: *Pyrrhocorax*	
Pyrrhocorax pyrrhocorax	Alpenkrähe
Pyrrhocorax graculus	Alpendohle
Gattung: *Nucifraga*	
Nucifraga caryocatactes	Tannenhäher
Gattung: *Garrulus*	Häher
Garrulus glandarius	Eichelhäher
Gattung: *Perisoreus*	
Perisoreus infaustus	Unglückshäher

Rabenkrähe und Nebelkrähe

Rabenkrähen sind ortstreue Vögel. Jahr für Jahr brüten sie im gleichen Bereich. Die meisten Rabenkrähen in unserem Bereich ziehen auch im Winter nicht fort, aber es gibt immerhin einige, die weite Wanderungen unternehmen. In Saatkrähenschwärmen sehen wir immer wieder Rabenkrähen und Nebelkrähen.
Es heißt, daß Rabenkrähenmännchen und -weibchen eine lebenslange Bindung eingehen. Doch offenbar liegen darüber keine guten Belege vor. Daß Krähen alt werden, wird allerdings oftmals überschätzt. Zwar soll es Krähen geben, die ein Alter von 12,5 oder sogar 14 Jahre erreicht haben, doch das sind wirklich sehr alte Krähen. Schon 7–10 Jahre ist für Krähen ein hohes Alter.
WITTENBERG errechnete Aktionsbereiche von 13,5 bis 48,6 ha. Nach ihm liegt eine

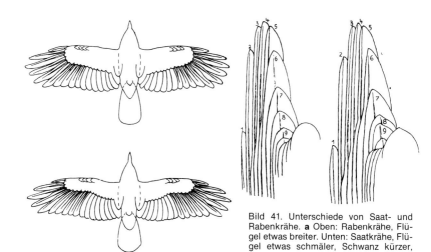

Bild 41. Unterschiede von Saat- und Rabenkrähe. **a** Oben: Rabenkrähe, Flügel etwas breiter. Unten: Saatkrähe, Flügel etwas schmäler, Schwanz kürzer, mehr abgerundet. Nach STEGMANN
b Fittiche von Saat- und Rabenkrähe. Links: Saatkrähe, 2. Schwinge länger als 6. Rechts: Rabenkrähe, 2. Schwinge nie länger als 6. $^1/_8$ nat. Größe. Aus BROHMER, EHRMANN, ULMER, Die Tierwelt Mitteleuropas

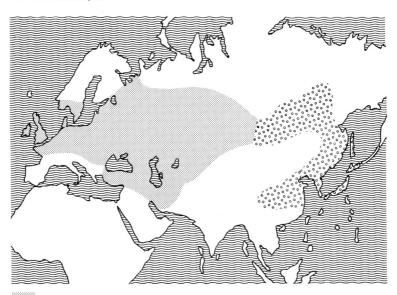

░░░░ *Corvus frugilegus frugilegus* L.

°°°° *Corvus frugilegus pastinator* GOULD.

Bild 42. Die Rassen der Saatkrähe und ihre Verbreitung. Verändert nach GERBER 1956

sehr hohe Bestandsdichte vor, wenn pro km Waldrandlänge mehr als 4 Paare, eine hohe, wenn 2,5–4 Paare, eine mäßige, wenn weniger als 2,5 Paare pro Waldrandlänge brüten.

Wer das erste Mal Raben- und Nebelkrähen nebeneinander sieht, wird nicht zögern, sie als Tiere zweier Arten anzusehen. Tatsächlich hat man das früher auch getan. Heute jedoch weiß man, daß Rabenkrähen und Nebelkrähen zwei Rassen,

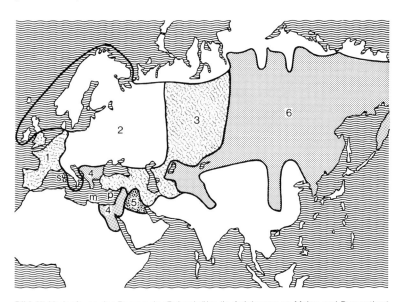

Bild 43. Verbreitung der Rassen der Rabenkrähe (in Anlehnung an Meise und Dementjew). 1 *Corvus c. corone* L., 2 *Corvus c. cornix* L., 3 *Corvus c. sharpii* OATES, 4 und s *Corvus c. sardonicus* KLEINSCHMIDT, p *Corvus c. pallescens* MADARACZ, m *Corvus c. minor* MEINERTZHAGEN, 5 *Corvus c. capellanus* SCLATER, 6 *Corvus c. orientalis* EVERSMANN.

zwei Formen derselben Art sind, der Art Rabenkrähe *Corvus corone*. Die eigentliche Rabenkrähe, die sogenannte Nominatform, heißt wissenschaftlich *Corvus corone corone*. Die graugefärbte Nebelkrähe aber heißt *Corvus corone cornix*.

Manche Leute haben sich viele Gedanken darüber gemacht, wie man die Rabenkrähe denn benennen soll, vor allem auch, um die beiden bei uns wohnenden Formen voneinander unterscheiden zu können und dabei dann gleich zu erkennen. daß es sich um zwei Rassen einer Art handelt. So findet sich zuweilen als Artname, der für alle Rassen gilt, der Name Aaskrähe. Ich glaube kaum, daß es nötig ist, sich neue Namen auszudenken. Auch mit den alten Namen dürften wir uns deutlich genug verständigen können.

Die Rabenkrähe ist im westlichen Europa zu Hause. Ihr Verbreitungsgebiet erstreckt sich bis Ostmecklenburg und südwärts bis zur Elbe. Der Elbe entlang geht die Verbreitungsgrenze bis zur Tschechoslowakei, schwenkt dann zu den öster-

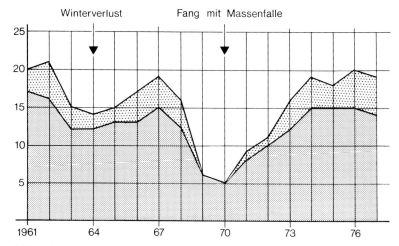

Winterverlust   Fang mit Massenfalle

Bild 44. Rabenkrähen sind sehr vital. Verluste werden schnell ausgeglichen. Das aber macht eine Bestandsverminderung durch Bejagung fragwürdig. Nach WITTENBERG 1978

reichischen Alpen und läuft von da über die Südschweiz zu den Pyrenäen und nach Nordspanien. Im Norden führt die Verbreitungsgrenze durch Schleswig-Holstein, verläuft als Gürtel durch Großbritannien. In Irland und Schottland wohnen Nebelkrähen im Norden, in den südlichen Bereichen Rabenkrähen.
Ganz scharf ist die Trennungslinie zwischen Raben- und Nebelkrähengebieten nicht. Zwischen ihnen liegt eine 25–150 km breite Zone, in der es sowohl Rabenkrähen als auch Nebelkrähen gibt und in der beide Formen auch miteinander bastardieren.

Wie Nebelkrähe und Rabenkrähe entstanden sind

Der Hamburger Ornithologe MEISE hat eine Hypothese für die Entstehung so unterschiedlicher Formen derselben Art aufgestellt. Er nimmt an, daß sich in Europa während der Zeit der stärksten Vereisung (Mindel- und Rißeiszeit) isolierte Populationen gebildet haben. Die Vergletscherung und Kälte im Norden, die trockenen Winde, die in vielen Bereichen keine Bäume hochkommen ließen, haben diese Verinselung herbeigeführt. MEISE nimmt an, daß die Rückzugsgebiete der westlichen Gruppe im Pariser Becken in Westfrankreich und in Spanien zu finden waren. Offenbar hatte die mittlere Gruppe kein einheitliches Rückzugsgebiet. Dort gab es in verschiedenen Bereichen günstige Lebensbedingungen, so in Italien, auf dem Balkan am Nordrand des Schwarzen Meeres und im Kaukasusgebiet. Vielleicht war das Kaspische Meer die Ostgrenze dieses Areals. Er nimmt an, daß sich die Ostgruppe ins östliche Sibirien (Gebiet der Andara) zurückgezogen habe und daß die Urform eine graue Form sei.
An die Nebelkrähe schließen sich im Osten noch weitere geographische Rassen

der Rabenkrähe an. Die Rasse *Corvus corone sharpii* ist der Nebelkrähe so ähnlich, daß sie von ihr kaum mit Sicherheit abgetrennt werden kann. Sie bewohnt Ostasien zwischen Ural und Jenissei, die kasachstanische Steppe, den Kaukasus, Kleinasien und den Iran. Die Gebirge allerdings meidet sie. Nach Osten hin gibt es noch einige weitere graue Rabenkrähenformen.

Saatkrähe *(Corvus frugilegus)*

Aussehen: schwarzes Gefieder mit rötlichem Glanz, Scheitel und Nacken grünlich glänzend. Die Beine wirken beim Laufen struppig. Der Körper sieht sehr dreieckig aus, gemessener Gang.

Alte Saatkrähen haben einen nackten, grau bis grauweißen Schnabelgrund, Jungvögel haben noch einen befiederten Schnabel. Schnabel schlank und spitz. Rabenkrähen haben im Gegensatz dazu einen kräftigen, kolbigen Schnabel, der an der Wurzel befiedert ist. Beine und Schnabel schwarzbraun, Augen dunkelbraun. Jungvögel haben zunächst blaue Augen. Zu allen Jahreszeiten gesellig. Im Herbst und Winter bilden sie riesige Schlafgesellschaften mit Dohlen, gelegentlich auch mit Rabenkrähen vergesellschaftet.

Junge Saatkrähen werden häufig mit Rabenkrähen verwechselt, weil auch sie eine befiederte Schnabelwurzel haben. Wenn man jedoch genau hinschaut, kann man sehen, daß der Saatkrähenschnabel an der Wurzel struppiger befiedert ist. Die Federn am Schnabelansatz der Rabenkrähe liegen dichter an. Wenn junge Krähen rund 8 Monate sind, also im Januar etwa, verlieren sie die Schnabelbefiederung und bekommen eine nackte Schnabelwurzel.

Was alte und junge Saatkrähen unterscheidet

	Altvogel	Jungvogel
Gefieder	stark glänzend	Flügel und Schwanz fast ohne Glanz, mehr braun
Schwanzfedern	Federenden nicht abgenützt	Federenden sehr abgenützt
Schnabelwurzel	nackt	beborstet
Rachen	bläulichschwarz	rosafleischfarben
Iris	braun	graubraun

Junge Krähen vermausern ihr Nestlingskleid zwischen Juni und September. Aber diese Mauser erstreckt sich nur auf das Kleingefieder. Flügel und Schwanz werden nicht vermausert. Darum ist das Großgefieder im nächsten Jahr stark abgenutzt. Alte Saatkrähen machen von Ende September an eine Vollmauser durch. Die Schwingenmauser beginnt bereits im Mai.

Anatomische Untersuchungen haben gezeigt, daß Saatkrähen längere und schmalere Flügel haben als Rabenkrähen, das befähigt sie zu einem schnelleren und ausdauernderen Flug. Auch haben sie eine kräftigere Brustmuskulatur (18,52% ihres Körpergewichtes) und ein größeres Herz als Rabenkrähen.

Die Rassen der Saatkrähen

Die Saatkrähe hat ein sehr großes Verbreitungsgebiet. Von Großbritannien und Frankreich bis weit in den Osten. Im Norden stellt die Juli-Isotherme von 12°C die äußerste Grenze der Verbreitung dar.

Während früher mehrere Rassen unterschieden wurden, unterscheidet WOLTERS (1975) nur zwei Rassen, nämlich die eigentliche Saatkrähe *Corvus frugilegus frugilegus* und die Rasse *Corvus frugilegus pastinator*, die in der Mandschurei, in Ostsibirien und Nordchina lebt.

Feldkennzeichen: Nackter Schnabelgrund, lockeres Gefieder an den Schenkeln (Hosen), gemessener Gang. Schnellerer Flügelschlag als bei der Rabenkrähe. Stets gesellig.

Verbreitung: Geschlossene Verbreitung von England und Nordfrankreich bis weit in den Osten. Süddeutschland und die französischen Vorkommen liegen am Rande des Verbreitungsgebietes. In den letzten Jahren Vorstöße nach Süden, z. B. Ansiedlungen in der Schweiz.

Lebensraum: Ackerlandschaft und Wiesen mit Bäumen und kleinen Wäldern. Steppen mit vereinzelten Büschen und Baumgruppen, weite Täler mit offenen Wiesenbereichen, vor allem in tiefergelegenen Gebieten.

Bestand: In der Bundesrepublik, aber auch in den angrenzenden östlichen Gebieten rückläufige Tendenz. Arealerweiterungen im Westen vermögen das nicht auszugleichen.

Nahrung: Sehr variabel; vor allem im Sommer überwiegend animalisch (Insekten, Würmer, Schnecken usw.), im Winter mehr vegetabilisch (Getreide, Mais und andere Pflanzenteile).
Brutbiologie: Brütet in Kolonien; manchmal bis zu 1000 und mehr Brutpaare beieinander. Kleine Kolonien sind weniger stabil.
Hinweise: Mitteleuropäische Saatkrähen sind überwiegend Strichvögel. Osteuropäische Populationen verlassen zu 100% ihren Brutbereich. Während des Winters große Überwinterungsschwärme und Schlafgesellschaften in Mittel- und Südwesteuropa.

Rabenkrähe *(Corvus corone)*

Kommt in zwei Rassen vor. Westliche Rasse ist die Rabenkrähe (*Corvus corone corone*), östliche Rasse die Nebelkrähe (*Corvus corone cornix*). Zwischen den beiden Rassenbereichen liegt eine Mischzone von 25 bis über 100 km Breite, in der beide vorkommen, aber auch Mischpaare.
Aussehen: Gefieder ganz schwarz, im Sonnenschein glänzend; Schnabel schwarz; kein kahler Schnabelgrund. Flug geradlinig; langsame, regelmäßige Flügelschläge. Schnabel wesentlich kräftiger als bei der Saatkrähe.
Nebelkrähe: Von Rabenkrähe leicht durch grauen Rücken und graue Unterseite zu unterscheiden. Sonst schwarz; im übrigen wie bei der Rabenkrähe.
Feldkennzeichen: Rabenkrähe und Nebelkrähe keine Hosen, kein gemessener Gang wie bei der Saatkrähe. Befiederter Schnabelgrund; Schwanz beilförmig im Gegensatz zum keilförmigen Schwanz des Kolkraben. Stimme rauh, aber viel heller als beim Kolkraben.
Verbreitung: Mischzone zwischen Raben- und Nebelkrähe verläuft durch Schleswig-Holstein über Fehmarn bis zur Oberelbe.
Lebensraum: In sehr unterschiedlichen Bereichen wie Ackerland, Moore, Parkanlagen, Küstenbereiche, aber auch in Städten; meistens in Gegenden mit Bäumen oder Gebüschen, jedoch nicht in dichten Wäldern.
Bestand: Je nach Ergiebigkeit der Lebensräume sehr unterschiedlich dicht, jedoch nirgendwo bedroht. Bestandsregulierung von seiten des Menschen unnötig. Bei hoher Populationsdichte späte Brutreife und Plündern der Gelege durch Jungvögel.
Nahrung: Weites Spektrum; besonders zur Brutzeit mehr räuberisch (junge Vögel, Vogeleier, kleine Säuger), aber auch Insekten, Würmer usw., ferner vielerlei Früchte, Getreide, Kartoffeln, Walnüsse. Sucht die Nahrung mehr von der Erdoberfläche als die Saatkrähe.
Brutbiologie: Brütet stets einzeln; gewöhnlich auf Bäumen, gelegentlich in Büschen oder auch auf Felsvorsprüngen oder Bauten.
Hinweise: Im Winter scharen sich Rabenkrähen oft zu Schlafgemeinschaften. In den winterlichen Saatkrähenschwärmen können wir Raben- und Nebelkrähen beobachten. Manchmal brütet auch eine einzelne Rabenkrähe in einer Saatkrähenkolonie.

Kolkrabe *(Corvus corax)*

Aussehen: Sehr groß, größter Singvogel und Rabenvogel; vollkommen schwarz; Schwanz gestuft. Großer, gebogener Schnabel; Federn an Kehle und Oberbrust lang, glänzend. Oberbrust mit grünlichem Schimmer. Nackenfedern am Grunde leicht grau; Augen dunkelbraun; Schnabel, Beine und Füße schwarz. Jungvögel matter gefärbt.
Feldkennzeichen: Klotziges Aussehen; sehr groß; schwarzer Schnabel. Schwanz im Fluge typisch keilförmig. Tiefe, sonore Stimme „kroak‟.
Verbreitung: Ein breiter Gürtel auf der nördlichen Hemisphäre rund um die Erde. War in Deutschland, vor allem außerhalb der Alpen und in den mittleren Bereichen ausgestorben. In den letzten Jahrzehnten allmähliche Bestandszunahme, Einwanderung von den Alpen.
Lebensraum: In sehr unterschiedlichen Gebieten, aber vor allem in offenem Gelände, Gebirgs- oder Küstenregionen.
Bestand: Seit Mitte des letzten Jahrhunderts in vielen Bereichen Rückgang und Aussterben. In den letzten Jahrzehnten erneut Zuwanderung und Bestandszunahme.
Nahrung: Aas, Nachgeburten von größeren Säugetieren, Reptilien, Amphibien, Eier, Insekten und andere Wirbellose. Aber auch z. B. Getreide, Bucheckern, Kirschen.
Brutbiologie: Nester auf Felssimsen oder in Höhlungen, aber auch auf Bäumen, gewöhnlich ziemlich hoch; Felsnester gewöhnlich unter einem Überhang. Dasselbe Nest kann mehrere Jahre benutzt werden; oftmals haben die Paare Wechselhorste. Kolkraben fangen sehr früh mit dem Brüten an. Legebeginn schon im letzten Februardrittel und in der ersten Märzhälfte. Eine Abhängigkeit zwischen Legebeginn und Höhenlage ist kaum zu erkennen.

Kolonie

imm.

Saatkrähe

Rabenkrähe

Nebelkrähe

Kolkrabe

Tannenhäher *(Nucifraga caryocatactes)*

Aussehen: Kleiner als Eichelhäher. Dunkelbraunes Gefieder mit weißen Sprenkeln. Langer, spitzer Schnabel. Im Fluge kann man von unten den weißen Rand des kurzen Schwanzes sehen. Bewegung ähnlich wie Eichelhäher.
Verbreitung: Sibirische, dünnschnäblige Rasse in einem Gürtel von Skandinavien bis Asien verbreitet. Unsere einheimische Rasse kommt im alpinen Raum vor, im Schwarzwald und östlich bis zum Zentralural.
Lebensraum: Nadelwälder oder Mischwälder mit hohem Nadelbaumanteil.
Bestand: Größte Bestandsdichte im Arvenwald. In Fichtenwäldern nur da, wo Haselbüsche vorhanden sind.
Nahrung: Samen von Nadelbäumen und vom Haselnußstrauch. In den Alpen ist die Arve der wichtigste Nahrungsbaum. Ferner Käfer, Heuschrecken und andere Insekten. Eier und Jungvögel, kleine Säuger, Beeren, Walnüsse.

Alpenkrähe *(Pyrrhocorax pyrrhocorax)*

Aussehen: Etwas größer als eine Dohle, schlanker. Ziemlich kurzer Schwanz, langer, gebogener roter Schnabel, rote Füße.
Gefieder im allgemeinen tiefglänzend schwarz. Iris dunkelbraun. Jungvögel matter gefärbt.
Verbreitung: Irland, Wales, Schottland, Alpen, Pyrenäen, Spanien, Sizilien, Sardinien, Kleinasien, Kaukasus bis zum Iran und zum Himalaja, China. In den Alpen sehr lokal: Wallis, Berner Oberland, Aostatal, Savoyer Alpen.
Bestand: Im europäischen Raum rückläufig.
Nahrung: Überwiegend Insekten und deren Larven sowie andere Wirbellose. Gelegentlich auch Sämereien und Getreide. Selten auch Abfall. Nahrungsaufnahme fast nur am Boden. Typische Nahrungsplätze sind kurzrasig oder ohne Vegetation.
Hinweise: Alpenkrähe und Alpendohle sind sehr nah verwandte Arten. Gelegentlich kommen auch Bastarde vor.

Alpendohle *(Pyrrhocorax graculus)*

Aussehen: Ungefähr so groß wie eine Dohle, aber schlanker und mit längerem und etwas gerundetem Schwanz. Kürzerer Schnabel. Gefieder kohlrabenschwarz mit einem grünlichen Glanz auf den Schwingen und am Schwanz. Leuchtend gelber Schnabel. Füße und Beine orangerot. Augen dunkelbraun oder dunkelgraubraun. Jungvögel matter; Schnabel zuerst matt hornfarben; Füße olivbraun.
Verbreitung: Bergregionen von Südeuropa, Alpen, Pyrenäen, Balkan, aber auch in Asien, in Tibet und im Himalaja.
Lebensraum: In den Alpen bis zur Schneegrenze. Im Sommer gewöhnlich oberhalb der Baumgrenze, im Winter in die Täler herabsteigend. In den letzten Jahren gelegentliche Bruten im Siedlungsbereich tiefer gelegener Gebiete.
Bestand: Begünstigt durch den Alpentourismus, der ein hohes Nahrungsangebot zur Folge hat, haben die Alpendohlenbestände in vielen Bereichen zugenommen.
Nahrung: Insekten, Schnecken und andere Wirbellose, auch Beeren und Früchte. Tötet kleinere Wirbeltiere. Ernährt sich an vielen Plätzen von Abfällen des Menschen.
Hinweise: Bei schlechtem Wetter können Alpendohlen auch im Sommer bis in die Ebenen hinabsteigen. Alpendohlen sind sehr sozial und bilden große Schwärme.

Dohle *(Corvus monedula)*

Aussehen: Schwarz mit grauem Nacken und grauen Ohrdecken; dunkelgraue Unterseite; Iris grauweiß oder silberweiß; Beine, Schnabel und Füße schwarz. Die Weibchen sind im Durchschnitt etwas weniger silbergrau am Nacken als die Männchen. Jungvögel matter.
Verbreitung: In ganz Mitteleuropa bis weit in den Osten und Norden, mehrere Rassen.
Lebensraum: Kulturland, parkartiges Gelände, steppenartige Bereiche mit Wäldern, Ortschaften, Küstenbereiche.
Bestand: Gebietsweise Rückgänge. In anderen Bereichen (z. B. im Saarland) Zunahme, besonders an Kirchen.
Nahrung: Insekten und andere Wirbellose, Getreide, Früchte, Beeren, Eier, Jungvögel. Bei Seevogelkolonien jagen Dohlen manchmal Vögeln Fische ab. Nahrungssuche am Boden, aber auch auf Bäumen.

Tannenhäher

Alpenkrähe

Alpendohle

Dohle

Unglückshäher *(Perisoreus infaustus)*

Aussehen: Kleiner als ein Eichelhäher, wirkt rundlicher, hat einen dunkelbraunen Kopf, einen graubraunen Rücken, ist an Bürzel, Schwingen und äußeren Schwanzfedern orangerot. Die Unterseite ist graubraun.
Lebensraum: In Finnland sind Birkenwälder die bevorzugten Brutgebiete; in Schweden jedoch gewöhnlich in Nadelwäldern; hält sich im Waldesinneren auf, selten im Randbereich.
Verbreitung: Wohnt in nordischen Wäldern, in Norwegen, Mittelschweden, bis nach Sibirien und zur Insel Sachalin im Südosten.
Nahrung: Ähnlich wie beim Eichelhäher, frißt auch Nadelholzsamen und Beeren. Beeren werden gelegentlich in Baumhöhlungen gespeichert.

Eichelhäher *(Garrulus glandarius)*

Aussehen: Etwas kleiner als eine Ringeltaube. Geschlechter ähnlich. Körper rötlichbraun. Schwarz-weiß gestreifte, aufrichtbare Scheitelfeldern. Blau-schwarz-weiß gebänderte Flügeldecken. Augen hellblau.
Verbreitung: Verbreitungsgebiet von Europa über China bis Nordwestafrika, Kleinasien. Brütet nicht in Nordskandinavien, im nördlichen Teil von Großbritannien und auf Island.
Lebensraum: Wälder, Obstgehölze, Parkanlagen, große Gärten, auch in Städten, vorausgesetzt, es sind Baumbestände vorhanden. Gewöhnlich stimmt seine Verbreitung mit dem Vorkommen der Eiche überein; aber es gibt auch Bereiche in Nordschweden, wo der Eichelhäher über die Eichengrenze hinausgeht.
Bestand: Selten mehr als zwei Paare/10 ha. In der Höhe nimmt die Siedlungsdichte ab.
Nahrung: Insekten, Raupen, Käfer und andere Wirbellose. Eicheln, Haselnüsse, Beeren, junge Vögel, Eier, Mäuse, Eidechsen, Nahrungssuche in Bäumen, in Büschen und am Boden.
Hinweise: Eichelhäher sammeln im Herbst Eicheln und vergraben sie im Boden. Sie spielen also für die Verbreitung der Eiche eine wichtige Rolle.
Eichelhäher sind überwiegend Standvögel. Gelegentlich gibt es südwärts und westwärts gerichtete Invasionen von Vögeln aus Nord- und Zentraleuropa.

Blauelster *(Cyanopica cyanus)*

Aussehen: Die Blauelster ist eine besonders schöne Elster mit langem blauen Schwanz und schwarzer Kappe, die bis unter die Augen reicht. Die Flügel sind blau, die Oberseite graubraun.
Lebensraum: Lebt in Pinienhainen, Korkeichenwäldern und Kiefernwäldern. Im Gegensatz zu unserer Elster sind die Nester ganz ihr offen.
Verbreitung: Blauelstern wohnen in Portugal und Südspanien. Außerdem sind sie von Ostasien bis Japan verbreitete Brutvögel.
Nahrung: Große Insekten und andere Wirbellose, Beeren und Früchte.
Hinweise: Neigt zu kolonialem Brüten. Junge werden offenbar überwiegend vom Männchen gefüttert.

Elster *(Pica pica)*

Aussehen: Ungefähr so groß wie eine Dohle, aber mit sehr langem Schwanz. Geschlechter ähnlich. Unverkennbares schwarz-weißes Gefieder. Im Flug wird der Schwanz waagerecht gehalten.
Verbreitung: In ganz Europa verbreitet, nicht auf Sardinien und Korsika. Außerdem werden große Bereiche in Europa, Asien und Amerika von der Elster besiedelt. Weitere Vorkommen in Nordafrika und Kleinasien.
Lebensraum: Offenes Gelände mit Hecken und kleinen Wäldchen. Oft in der Nähe von Dörfern und Siedlungen, in Parkanlagen.
Bestand: Wegen der Ausräumung der Feldflur ist der Elsternbestand in der offenen Landschaft in vielen Bereichen zurückgegangen. In den Städten hingegen hat sich der Bestand gehalten oder hat stellenweise sogar zugenommen.
Nahrung: Insekten und andere Wirbellose. Kleine Säuger, Eidechsen, Eier von Vögeln, Jungvögel. Ferner pflanzliche Nahrung: Getreide, Sämereien, Beeren, Früchte. Nutzt auch Abfälle des Menschen.
Hinweise: Das Ausschießen der Elsternnester ist ökologisch unsinnig, es kann es eine Gefahr für Turmfalken oder Waldohreulen sein, die in diesen Elsternnestern brüten.

Unglückshäher

Kopffedern gesträubt

Eichelhäher

Blauelster

Elster

Ausgewählte Literatur

COOMBS, C. J. F. (1960): Observations on the Rook Corvus frugilegus in Southwest Cornwall. Ibis **102**: 394–419

DORKA, V. (1973): Zur Funktion der Nacktgesichtigkeit bei der Saatkrähe Corvus frugilegus frugilegus. Anz. orn. Ges. Bayern **12**: 114–121

DUNNET, G. M., R. A. FORDHAM & I. J. PATTERSON (1969): Ecological studies of the rook (Corvus frugilegus L.) in northeast Scotland. Proportion and distribution of young in the population. J. appl. Ecol. **6**: 459–473.

EBER, G. (1966): Der Saatkrähenbestand in Nordrhein-Westfalen in den Jahren 1956–1966. Abh. Landesmuseum Naturkd. Münster/Westfalen, **28** (2): 3–32.

FALLET, M. (1978): Die Populationsentwicklung der Saatkrähe (Corvus f. frugilegus) in Schleswig-Holstein von 1954–1976. Zool. Anz. Jena **200**: 242–274.

FEARE, C. J., G. M. DUNNET & I. J. PATTERSON (1974a): Ecological studies of the rook (Corvus frugilegus L.) in north-east Scotland. Food intake and feeding behaviour. J. appl. Ecol., **11** (3): 867–896.

FOLK, C. & J. TOUSKOVA (1966): Die Nahrung der Saatkrähe (Corvus frugilegus) in der Vornist- und Nistperiode. Zool. Listy, **15** (1): 23–32.

GANZHORN, J. (1981): Biologie und Ökologie der Saatkrähe (Corvus f. frugilegus L.) im Oberschwäb. Rißtal unter besonderer Berücksichtigung von Möglichkeiten zur Abwehr der Saatkrähen von landwirtschaftlichen Kulturen. Dipl. Arbeit.

GERBER, E. (1956): Die Saatkrähe. Neue Brehmbücherei 181.

GOODWIN, D. (1976): Crows of the world. New York.

MAGERL, Ch. (1980): Der Saatkrähenbestand in Bayern in den Jahren 1950–1979. Ber. ANL **4**: 111–118.

STRAUSS, E. (1939): Vergleichende Beobachtungen über Verhaltensweisen an Rabenvögeln. Z. f. T. **2**: 145–172.

TOMPA, F. S. (1975): A preliminary investigation of the Carrion Crow, Corvus corone, problem in Switzerland. Orn. Beob. **72**: 181–198.

TUCKER, B. W. (1935): The rookeries of Somerset. Proc. Somersetsh. Archeol. Nat. Hist. Soc., **81**: 194–240.

VEH, M.: Überwinternde Saatkrähen (Corvus frugilegus) in Nordbaden. Konflikt zwischen Naturschutz und Landwirtschaft und Vorschläge zu einer Lösung. Diss., Heidelberg

WOLSBECK, H. (1986): Bibliographie mitteleuropäischer Corviden. Beih. Veröff. Naturschutz Landschaftspflege Bad.-Württ. In Vorbereitung.

YAPP, W. B. (1951): The population of the rooks (Corvus frugilegus) in West Gloucestershire II. J. Anim. Ecol., **20**: 169–172.

Register